KLEINE UND MITTLERE UNTERNEHMEN

Herausgegeben von Prof. Dr. Jörn-Axel Meyer, Berlin

Band 14
Jörn-Axel Meyer und Alexander Tirpitz
Betriebliches Gesundheitsmanagement in KMU –
Widerstände und deren Überwindung
Lohmar – Köln 2008 ♦ 116 S. ♦ € 42,- (D) ♦ ISBN 978-3-89936-737-9

Band 15
Jörn-Axel Meyer, Alexander Tirpitz und Dietmar Laß
Energie- und Umweltverhalten im Mittelstand
Lohmar – Köln 2009 ♦ 192 S. ♦ € 48,- (D) ♦ ISBN 978-3-89936-763-8

Band 16
Jörn-Axel Meyer und Alexander Tirpitz
Service-orientierte Architekturen (SOA) im Mittelstand –
Zwischen technisch Machbarem und kaufmännisch Sinnvollem
Lohmar – Köln 2009 ♦ 72 S. ♦ € 37,- (D) ♦ ISBN 978-3-89936-765-2

Band 17
Jörn-Axel Meyer
Management-Fortbildung bei Ärzten – Meinungen, Nutzung und Pläne
Lohmar – Köln 2009 ♦ 76 S. ♦ € 37,- (D) ♦ ISBN 978-3-89936-767-6

Band 18
Frank A. Halter
Familienunternehmen im Nachfolgeprozess – Die Emotionen des Unternehmers
Lohmar – Köln 2009 ♦ 328 S. ♦ € 62,- (D) ♦ ISBN 978-3-89936-806-2

Band 19
Jörn-Axel Meyer
Mitarbeiterbeteiligung in KMU – State of the Art, Meinungen und Bewertung
Lohmar – Köln 2009 ♦ 124 S. ♦ € 42,- (D) ♦ ISBN 978-3-89936-815-4

Band 20
Jörn-Axel Meyer, Alexander Tirpitz und Christian Koepe
IT-Verhalten und -Defizite in KMU – Eine Analyse von Typen der IT-Nutzung und -Bedarfe in der Verlagsbranche
Lohmar – Köln 2010 ♦ 152 S. ♦ € 43,- (D) ♦ ISBN 978-3-89936-897-0

JOSEF EUL VERLAG

Reihe: Kleine und mittlere Unternehmen · Band 20
Herausgegeben von Prof. Dr. Jörn-Axel Meyer, Berlin

Prof. Dr. Jörn-Axel Meyer
Alexander Tirpitz
Christian Koepe

IT-Verhalten und -Defizite in KMU

Eine Analyse von Typen der IT-Nutzung und -Bedarfe in der Verlagsbranche

Bibliografische Information der Deutschen Nationalbibliothek

Die Deutsche Nationalbibliothek verzeichnet diese Publikation in der Deutschen Nationalbibliografie; detaillierte bibliografische Daten sind im Internet über <http://dnb.d-nb.de> abrufbar.

ISBN 978-3-89936-897-0
1. Auflage Februar 2010

© JOSEF EUL VERLAG GmbH, Lohmar – Köln, 2010
Alle Rechte vorbehalten

JOSEF EUL VERLAG GmbH
Brandsberg 6
53797 Lohmar
Tel.: 0 22 05 / 90 10 6-6
Fax: 0 22 05 / 90 10 6-88
E-Mail: info@eul-verlag.de
http://www.eul-verlag.de

Bei der Herstellung unserer Bücher möchten wir die Umwelt schonen. Dieses Buch ist daher auf säurefreiem, 100% chlorfrei gebleichtem, alterungsbeständigem Papier nach DIN 6738 gedruckt.

Vorwort

Verlage haben in unserer Gesellschaft als Multiplikator von Informationen und Wissen einen großen Stellenwert. Da wir uns immer mehr zu einer Wissensgesellschaft entwickeln, hat diese Bedeutung in den letzten Jahren noch weiter zugenommen.

Gleichzeitig befindet sich die Verlagsbranche in einem tief greifenden Wandel. Denn Informationen und Wissen werden kurzlebiger und durch moderne Informations- und Kommunikationstechnologien kommen ständig neue Formen ihrer Verbreitung hinzu. Diese Entwicklungen zwingen Verlage, ihre betrieblichen Prozesse zu überdenken und das eigene Selbstverständnis – bei dem traditionell eher der schöpferische Prozess im Zentrum steht – anzupassen. Die Erstellung von „Content" steht somit nicht mehr im Mittelpunkt des Verlagsgeschäfts, sondern vielmehr dessen Verwertung und Verbreitung. Um diesen veränderten Anforderungen gerecht zu werden, müssen die Verlage dabei vermehrt auf Informationstechnologie (IT) setzen.

Wie in anderen Branchen auch, ist die Verlagslandschaft von kleinen und mittleren Unternehmen dominiert. Und gerade diese tun sich mit der Adaption neuer Technologien und der Anpassung an Veränderungen schwer – sei es aus Mangel an Know-how, aus Kostengründen oder aus der Angst vor dem unbekannten Metier.

Vor diesem Hintergrund hat sich das Deutsche Institut für kleine und mittlere Unternehmen eingehender mit dem IT Verhalten (Einstellung zur IT und IT-Nutzung) und deren Defizite in den kleinen und mittleren Unternehmen befasst. Die Ergebnisse dieser Untersuchungen und umfangreiche Handlungsempfehlungen sind in dem vorliegenden Buch dokumentiert.

Besonderer Dank für die Unterstützung geht dabei an den Projektpartner Siemens (namentlich Herrn Christian Koepe), der das Vorhaben in allzeit neutraler und fachlich kompetenter Form unterstützt und damit zu seinem Gelingen beigetragen hat. Dank gilt auch den Mitarbeitern am Deutschen Institut für kleine und mittlere Unternehmen und natürlich dem Josef Eul Verlag für ihre Mitarbeit und Unterstützung.

Im Januar 2010

Die Autoren

Inhaltsverzeichnis

Vorwort V

Inhaltsverzeichnis VII

Abbildungsverzeichnis IX

Tabellenverzeichnis XI

Abkürzungsverzeichnis XV

1 Hintergrund und Ziele 1
    1.1 Situation in der Verlagsbranche 1
    1.2 Ziele der Studie 3

2 IT-Einsatz in der Verlagsbranche – ein Strukturierungsversuch 7
    2.1 Organisation von Verlagen 7
    2.2 IT-Unterstützung der einzelnen Aufgabenbereiche 9

3 State-of-the-Art 13
    3.1 Literaturanalyse 13
    3.2 Expertenmeinungen 19
    3.3 Workshop mit dem Projektpartner 21
    3.4 Zwischenfazit und Hypothesen 23

4 Verlagsbefragung 27
    4.1 Design und Durchführung 27
    4.2 Die befragten Verlage 31
    4.3 IT-Integration und -Einsatz in den Verlagen – Umfang und Widerstände 55
        4.3.1 IT-Integration und -Einsatz in den Unternehmen 55
        4.3.2 Einflüsse auf die IT-Integration in den Unternehmen 60
        4.3.3 Einflüsse auf den IT-Einsatz in den einzelnen Teilbereichen 69

    4.3.4 Widerstände gegen IT in den Unternehmen 74
    4.3.5 Defizite beim IT-Einsatz 78
4.4 Überprüfung der empirischen Ergebnisse 80
    4.4.1 Kontrolle weiterer, möglicher Einflussfaktoren 80
    4.4.2 Thesenüberprüfung 80
4.5 Herleitung von Verlagstypen 82
    4.5.1 Zentrale Bestimmungsfaktoren für den IT-Einsatz 82
    4.5.2 Herleitung der Typologien 87

5 Zusammenfassung und Empfehlungen 99
5.1 Ergebnisse von State-of-the-Art und Empirie 99
5.2 Verlagstypologien 106
5.3 Implikationen und Handlungshinweise 108

Quellenverzeichnis 113

Anhang: Fragebogen 115

Anhang: Codierungsbogen – Befragung Verlage 119

Anhang: Clusteranalyse 125

Abbildungsverzeichnis

Abb. 1.1: Aufbau der Studie 5
Abb. 2.1: Organisation und Prozesse der Verlage 9
Abb. 4.1: Häufigkeitsverteilung der Verlagsarten im Sample 32
Abb. 4.2: Häufigkeitsverteilung der Verlagsarten im Sample 33
Abb. 4.3: Mitarbeiteranzahl aller Verlage im Sample 34
Abb. 4.4: Mitarbeiteranzahl aller Verlage im Sample 34
Abb. 4.5: Titel in den befragten Buchverlagen (abs. Häufigkeiten) 36
Abb. 4.6: Titel in den befragten Buchverlagen (rel. Häufigkeiten) 36
Abb. 4.7: Titel in den befragten Zeitungsverlagen (abs. Häufigkeiten) 37
Abb. 4.8: Titel in den befragten Zeitungsverlagen (rel. Häufigkeiten) 38
Abb. 4.9: Titel der befragten Zeitschriftenverlage (abs. Häufigkeiten) 39
Abb. 4.10: Titel der befragten Zeitschriftenverlage (rel. Häufigkeiten) 39
Abb. 4.11: Alter der Geschäftsführungen aller Verlage (abs. Häufigkeiten) 41
Abb. 4.12: Alter der Geschäftsführungen aller Verlage (rel. Häufigkeiten) 41
Abb. 4.13: Management der Verlage im Sample (abs. Häufigkeiten) 42
Abb. 4.14: Management der Verlage im Sample (rel. Häufigkeiten) 42
Abb. 4.15: Selbstverständnis der Verlage im Sample (abs. Häufigkeiten) 43
Abb. 4.16: Selbstverständnis der Verlage im Sample (rel. Häufigkeiten) 44

Abb. 4.17:	Verteilung der Antworten zur Frage nach der IT-Integration	57
Abb. 4.18:	Mittelwert der Ratings zum IT-Einsatz in verschiedenen Unternehmensbereichen	59
Abb. 4.19:	Mittelwerte der IT-Integration differenziert nach Verlagsausrichtung	62
Abb. 4.20:	IT-Integration in Abhängigkeit von der Mitarbeiterzahl	63
Abb. 4.21:	Mittelwerte der IT-Integration differenziert nach dem Alter der Geschäftsführung	64
Abb. 4.22:	Mittelwerte zur IT-Integration differenziert nach der Form des Managements	65
Abb. 4.23:	Mittelwerte der IT-Integration differenziert nach dem Selbstverständnis der Verlage	66
Abb. 4.24:	Mittelwerte der IT-Integration differenziert nach der IT-Einstellung	67
Abb. 4.25:	Mittelwerte der IT-Integration differenziert nach den IT-Kenntnissen	68
Abb. 4.26:	Vergleich der Mittelwerte der Nennungen zur IT in verschiedenen Unternehmensbereichen	70
Abb. 4.27:	Vergleich der Mittelwerte der Nennungen zur IT in verschiedenen Unternehmensbereichen	70
Abb. 4.28:	Vergleich der Mittelwerte der Nennungen zur IT in verschiedenen Unternehmensbereichen	71
Abb. 4.29:	Rel. Häufigkeiten der genannten Widerstände	75
Abb. 4.30:	Vergleich der Nennungen zu den Widerständen je Befragten, differenziert nach Teilgruppen	77
Abb. 4.31:	Dendrogramm zur Clusterung für die Typologie A	92
Abb. 4.32:	Dendrogramm zur Clusterung für die Typologie B	95
Abb. 4.33:	Potential-Matrix der Verlagscluster (IT-Potential und Offenheit der Verlage ggü. mehr IT)	98

Tabellenverzeichnis

Tab. 2.1: Aufgaben in Verlagen und deren IT-Umsetzung 11
Tab. 3.1: Befunde und Forderungen aus Wissenschaft und Praxis 18
Tab. 3.2: Meinungen der Experten 21
Tab. 3.3: Kriterien zur Nutzertypologie 22
Tab. 4.1: Rücklaufquoten der einzelnen Befragungen 29
Tab. 4.2: Anteile der einzelnen Befragungen an den Gesamtrückläufen 30
Tab. 4.3: Einstellung der Verlage im Sample zur IT 45
Tab. 4.4: IT-Kenntnisse der Befragten 46
Tab. 4.5: Vergleich der Teilgruppen entlang der Mittelwerte zu Mitarbeiterzahl, Alter, IT-Einstellungen und IT-Kenntnisse, differenziert nach primärer Verlagsart 46
Tab. 4.6: Kreuztabellarischer Vergleich der Form des Managements und der primären Ausrichtung des Verlages 48
Tab. 4.7: Kreuztabellarischer Vergleich des Selbstverständnisses des Verlages und der primären Ausrichtung des Verlages 48
Tab. 4.8: Kreuztabellarischer Vergleich der IT-Einstellung mit den IT-Kenntnissen (zur Verbalisierung der Ratingstufen s. o.) 50
Tab. 4.9: Kreuztabellarischer Vergleich der Verlagsgröße mit der IT-Einstellung 51
Tab. 4.10: Vergleich der IT-Einstellung differenziert nach Management und Selbstverständnis der Verlage 51
Tab. 4.11: Kreuztabellarischer Vergleich des Alters der Geschäftsführung mit der IT-Einstellung 52
Tab. 4.12: Übersicht über denkbare bivariate Zusammenhänge der Eingangsvariablen 53
Tab. 4.13: Abs. und rel. Häufigkeiten zur Frage nach der IT-Integration 56
Tab. 4.14: Mittelwert, abs. Häufigkeiten und Standardabweichung der Ratings zum IT-Einsatz in verschiedenen Unternehmensbereichen 58

Tab. 4.15:	Bewertung einer (Inter-)Dependenz zwischen Eingangsvariablen des Samples und der IT-Integration	61
Tab. 4.16:	Mittelwert, Standardabweichung und abs. Häufigkeiten zur IT-Integration differenziert nach Verlagsausrichtung	62
Tab. 4.17:	IT-Integration in Abhängigkeit von der Mitarbeiterzahl	63
Tab. 4.18:	Mittelwert, Standardabweichung und abs. Häufigkeiten zur IT-Integration differenziert nach dem Alter der Geschäftsführung	64
Tab. 4.19:	Mittelwert, Standardabweichung und abs. Häufigkeiten zur IT-Integration differenziert nach der Form des Managements	65
Tab. 4.20:	Mittelwert, Standardabweichung und abs. Häufigkeiten zur IT-Integration differenziert nach dem Selbstverständnis der Verlage	66
Tab. 4.21:	Mittelwert, Standardabweichung und abs. Häufigkeiten zur IT-Integration differenziert nach der IT-Einstellung	67
Tab. 4.22:	Mittelwert, Standardabweichung und abs. Häufigkeiten zur IT-Integration differenziert nach den IT-Kenntnissen	68
Tab. 4.23:	Vergleich der Mittelwerte der Nennungen zur IT in verschiedenen Unternehmensbereichen	69
Tab. 4.24:	Vergleich der Mittelwerte, Standardabweichungen und abs. Häufigkeiten der Nennungen zur IT in verschiedenen Unternehmensbereichen differenziert nach Eingangsvariablen	74
Tab. 4.25:	Abs. Häufigkeiten der genannten Widerstände	75
Tab. 4.26:	Abs. Häufigkeiten der Widerstände, Vergleich nach ausgewählten Eingangsvariablen	76
Tab. 4.27:	Genannte Defizite	79
Tab. 4.28:	Welche Variablen haben welchen Einfluss auf die IT-Integration, den IT-Einsatz und die IT-Einstellung? Statistisch signifikanter Einfluss und Auffälligkeiten im Zusammenhang der genannten Variablen	84
Tab. 4.29:	Mittelwerte der erhobenen Variablen, differenziert nach den Clustern in Typologie A	93

Tab. 4.30: Mittelwerte der erhobenen Variablen, differenziert nach den Clustern in Typologie B 94

Tab. 4.31: Vergleich der Cluster in den Typologien A und B 97

Abkürzungsverzeichnis

χ^2	Chi-Quadrat
Abb.	Abbildung
abs.	absolut
Anm.	Anmerkung
ASW	Arbeitsgemeinschaft für Sicherheit der Wirtschaft
BI	Business Intelligence
BITKOM	Bundesverband Informationswirtschaft, Telekommunikation und neue Medien e.V.
BMWi	Bundesministerium für Wirtschaft und Technologie
BRW	Betriebliches Rechnungswesen
bspw.	beispielsweise
CIO	Chief Information Officer
CMS	Content Management System
DIHK	Deutscher Industrie- und Handelskammertag
DIKMU	Deutsches Institut für kleine und mittlere Unternehmen
Dr.	Doktor
DRM	Digitales Rechtemanagement
EDV	Elektronische Datenverarbeitung
EHUG	Gesetz über elektronische Handelsregister und Genossenschaftsregister sowie das Unternehmensregister
ERP	Enterprise Ressource Planning
et al.	et alii (und andere)
GF	Geschäftsführung/Geschäftsführer
ggf.	gegebenenfalls
HK	Häufigkeit
HP	Hewlett-Packard
i. d. R.	in der Regel
IBM	International Business Machines

IEB	Institute of Electronic Business
IHK	Industrie- und Handelskammer
IKT	Informations- und Kommunikationstechnologie
IT	Informationstechnologie
k. A.	keine Angaben
KMU	kleine und mittlere Unternehmen
KMV	kleine und mittlere Verlage
LMU	Ludwig-Maximilians-Universität München
M&A	Mergers & Acquisitions
M.A.	Magister Artium
Mafo	Marktforschung
n	absolute Anzahl der Nennungen (gesamt)
o. J.	ohne Jahresangabe
p. a.	per annum
PDA	Personal Digital Assistent
rel.	relativ
SOA	serviceorientierte Architektur(en)
SaaS	Software as a Service
Tab.	Tabelle
u. a.	unter anderem
u. E.	unseres Erachtens
u. U.	unter Umständen
Univ.-Prof.	Universitäts-Professor
v. a.	vor allem
VDEB	Verband IT-Mittelstand e.V.
Vors.	Vorsitzender
XML	eXtensible Markup Language
z. B.	zum Beispiel
Z.	Zuständiger

1 Hintergrund und Ziele

1.1 Situation in der Verlagsbranche

Im Gegensatz zu Großunternehmen verfügen kleine und mittlere Unternehmen nur selten über eine eigene IT-Abteilung (vgl. Bauer/Tenz 2008, S. 1206). Das Management der Unternehmens-IT erfolgt daher meist „nebenbei" durch die Geschäftsführung. In der Regel hat diese aber einen kaufmännischen und keinen informationstechnischen Hintergrund. Das fehlende IT-Know-how führt dazu, dass Potentiale nicht erkannt und ausgenutzt werden.

Diese mangelnde Nutzung und Kenntnis von IT-Potentialen ist besonders in der Verlagsbranche kritisch. Denn eine zunehmende Zahl an Wettbewerbern und die Konkurrenz durch Online-Angebote und Open Access haben den Wettbewerbsdruck in den letzten Jahren erhöht. Es gilt nun die Verwertung des Contents und weniger seine Erstellung in den Mittelpunkt der Verlagsprozesse zu stellen. Hierzu bedarf es geeigneter informationstechnischer Unterstützung.

Verlagen kommt sowohl wirtschaftlich als auch gesellschaftlich eine große Bedeutung zu: Sie machen Wissen und Informationen einem breiten Publikum zugänglich und tragen in der heutigen Wissensgesellschaft zum Wirtschaftswachstum bei. Die Verlagsbranche lässt sich in Buch-, Zeitschriften- und Fachverlage differenzieren. Darüber hinaus finden sich CD-ROM-, Kalender- oder Grußkartenverlage, die jedoch nicht Gegenstand dieser Studie sind. Eine Gesamtstatistik zur Verlagsbranche – wie sie bis in die neunziger Jahre vom Statistischen Bundesamt geführt wurde – existiert daher auch nicht mehr. Die drei großen Fachverbände...

- die Deutsche Fachpresse,
- der Börsenverein des Deutschen Buchhandels,
- der Verband Deutscher Zeitschriftenverleger

führen jedoch eigene Statistiken. Diese Statistiken zeichnen das folgende Bild der Verlagsbranche:

Fachmedien 2008 (Deutsche Fachpresse 2008)
- 3,1 Mrd. Euro Umsatz
- 1,9% Umsatzwachstum im Vergleich zu 2007
- Umsatzstruktur: 64,3% Fachzeitschriften; 20,8% Fachbücher/Loseblatt; 9,4% Elektronische Medien; 5,5% Dienstleistungen
- Fachzeitschriften Umsatz: ca. 2 Mrd. Euro (+1,4% im Vergleich zu 2007)
- Zahl der Fachzeitschriften: 3.907
- Jahresauflage: 525 Mio. verbreitete Auflage, 45% davon verkauft (-3% im Vergleich zu 2007)

Publikumszeitschriften 2008 (VDZ 2009)
- Marktanteil unter den klassischen Medien TV, Hörfunk, Plakat, Zeitungen und Fachzeitschriften: 19%
- Heftstruktur der Publikumszeitschriften: 25,4% Redaktion; 74,6% Anzeigen
- Auflage im 4. Quartal 2008: rund 115 Mio.
- Auflagenstruktur im 4. Quartal 2008: 45% abonnierte Stücke; 13% sonstiger Verkauf; 4% Lesezirkel; 38% Einzelverkauf

Buchverlage 2008 (BDB 2009)
- 9,6 Mrd. Euro Umsatz
- 0,4% Umsatzwachstum zum Vorjahr
- ca. über 1 Mrd. Euro geschätzter Internet-Umsatz
- Umsatzsteigerungen (Mai 2009 im Vorjahresvergleich) nach Editionsform: 20,5% bei Hörbüchern; 12,8% bei Taschenbüchern; 4,2% bei Hardcovern
- Umsatzsteigerungen (Mai 2009 im Vorjahresvergleich) nach Warengruppe: 24% bei Kinder- und Jugendbüchern; 8,9% bei Sachbüchern; 7% bei Belletristik

Die einzelnen Statistiken sind nur begrenzt vergleichbar, in der Summe zeigen sie aber das volkswirtschaftliche Gewicht der Verlagsbranche. Somit stellt die Verlagsbranche auch einen großen Markt für Informationstechnologien dar.

1.2 Ziele der Studie

Vor diesem Hintergrund sollen in der vorliegenden Studie der Einsatz und das Verhalten, Nachholbedarfe und Defizite in der IT kleiner und mittlerer Verlagsunternehmen (KMV) identifiziert und Lösungen aufgezeigt werden.

Die Studie verfolgt unter der Berücksichtigung potentieller Abhängigkeiten von Variablen bzw. Faktoren wie...

- des Marktsegments (Bücher, Zeitschriften, Zeitungen),
- der Größe und Komplexität eines Verlags und
- des Profils der Geschäftsführung

explizit folgende Erkenntnisziele:

- Erhebung der IT-Integration und des IT-Einsatzes in den Verlagen.
- Erhebung der Bereitschaft der Verlage zum Einsatz von IT.
- Erhebung der Einstellung zur und des Bedarfs an informationstechnischer Unterstützung der Verlagsprozesse und -funktionen.
- Erhebung von Hemmnissen und Widerständen gegen die Nutzung von IT in Verlagen.
- Erhebung der tatsächlichen Nutzung von Informationstechnologie differenziert nach Abteilungen bzw. Aufgaben in den Verlagen.
- Erhebung vorhandener Defizite beim IT-Einsatz in den Verlagen.

Am Ende der Untersuchung soll die Identifikation verschiedener Nutzer-Typen (Cluster) stehen. Zu diesem Zweck werden die zentralen Einflussfaktoren unter den erhobenen Variablen identifiziert und zur Typologisierung verwendet.

Dazu wird in einem ersten Schritt ein umfassender State-of-the-Art zum IT-Einsatz in Unternehmen der Verlagsbranche, insbesondere den dortigen KMU, erstellt. Dazu werden vorhandene Studien, Publikationen, Forderungen und Ratgeber zusammengetragen und analysiert. Dieser State-of-the-Art wird um eine qualitativ-explorative Befragung einiger ausgewiesener Experten aus Wirtschaft, Wissenschaft und Verbänden ergänzt.

Aufbauend auf die zuvor mit Branchenexperten diskutierten Ergebnisse des ersten Projektteils erfolgen in einem zweiten Schritt die theoretische Ableitung von Hypothesen für eine IT-Nutzer-Typologie und die Entwicklung des empirischen Designs.

Mit exploratorischem Ziel und zur Überprüfung der aufgestellten Hypothesen erfolgt sodann eine Erhebung bei kleinen und mittleren Unternehmen. Diese Erhebung gliedert sich in drei Befragungen:

- *Befragung 1:* Durch Mitarbeiter des Projektpartners, der Siemens IT Solutions and Services, erfolgt eine persönliche Befragung bei bestehenden oder potentiellen Kunden.

- *Befragung 2:* In Zusammenarbeit mit den großen Verbänden der Verlagsbranche (Börsenverein des Deutschen Buchhandels, Deutsche Fachpresse, Verband Deutscher Zeitschriftenverlage) erfolgt eine schriftliche Befragung bei deren Mitgliedsunternehmen.

- *Befragung 3:* Ergänzend befragt das Deutsche Institut für kleine und mittlere Unternehmen weitere, in Befragung 1 und 2 nicht berücksichtigte Verlagsunternehmen telefonisch.

Zwischen den drei Erhebungsteilen wird sodann eine Instrumenten-Validitätsprüfung durchgeführt. Die Ergebnisse werden statistisch ausgewertet und interpretiert. Dabei kommen auch anspruchvolle statistische Verfahren zur Anwendung, um die Ableitung unterschiedlicher Nutzer-Gruppen (Cluster) zu ermöglich.

Aus den gewonnen Erkenntnissen werden anschließend fundierte Handlungsempfehlungen für die Verlage abgeleitet.

Die nachfolgende Abbildung stellt den Aufbau der Studie noch einmal grafisch dar:

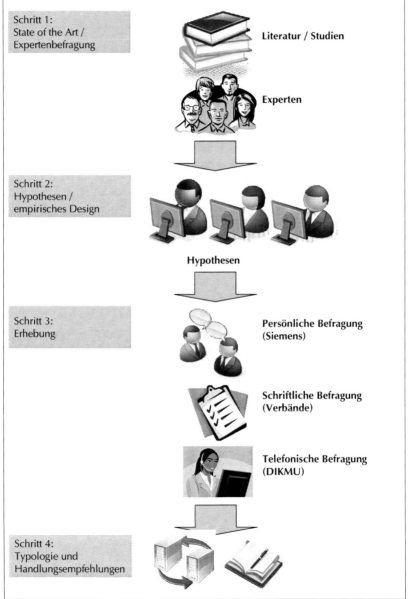

Abb. 1.1: Aufbau der Studie

2 IT-Einsatz in der Verlagsbranche – ein Strukturierungsversuch

2.1 Organisation von Verlagen

Zur Analyse des IT-Einsatzes in kleinen und mittleren Verlagen (KMV) ist ein tiefer gehendes Verständnis der Prozesse in diesen Unternehmen notwendig. Daher wird im Folgenden zunächst die typische Organisation eines Verlages samt seiner Prozesse skizziert, bevor relevante Studien und Publikationen zur Bewertung des IT-Einsatzes in KMV dem zugeordnet werden.

Die vorliegende Studie bezieht primär die folgenden Verlagstypen ein:

- Zeitungsverlage,
- Zeitschriftenverlage,
- Buchverlage.

Verlage sind dabei typischerweise prozessorientiert in die Bereiche Content (Redaktion/Lektorat), Herstellung und Publikation (Vertrieb, Vermarktung) untergliedert. Diese einzelnen Bereiche wiederum beinhalten verschiedene Funktionen.

- Content (Redaktion/Lektorat): Die inhaltliche Planung und Gestaltung des Verlagsprogramms übernimmt das Lektorat (auch Produktmanagement) bzw. die Redaktion. Das Lektorat beobachtet Trends in dem Fachgebiet, sucht und gewinnt Autoren und entscheidet darüber, wann welche Produkte auf den Markt kommen sollen. Neben diesen strategischen Aufgaben werden abhängig von der Art des Verlages folgende operative Tätigkeiten wahrgenommen:
    - Bei Zeitungen wird der Inhalt (auch Content) durch angestellte Redakteure und freie Journalisten erstellt.
    - Bei Büchern kommen die Manuskripte zumeist von selbständigen Autoren. Aufgabe des Lektorats ist es, aus dem Rohmanuskript ein publikationsfähiges Buch zu machen.
    - Fachzeitschriften weisen oftmals eine gemischte Inhaltserstellung auf. Die Redaktion („Schriftleitung" genannt) übernimmt hier die Bearbeitung von Inhalten externer Fachautoren.

- Herstellung: Die Herstellung in Verlagen macht aus dem Content ein druckfähiges Buch bzw. eine Zeitung oder Zeitschrift. Dabei obliegt ihr die Gestaltung („Ausstattung") der Publikation und des Covers sowie die Koordination von Dienstleistern wie Typologen, Grafikern und Druckereien. Die Herstellung ist somit für den gesamten Produktionsprozess einer Publikation einschließlich Kalkulation zuständig.
- Publikation (Vertrieb/Vermarktung): Das fertige Produkt, die Publikation, wird durch das Marketing, Presse- und Öffentlichkeitsarbeit sowie den Vertrieb in den Markt gebracht.
  - Die Marketingabteilung beobachtet in enger Abstimmung mit dem Lektorat und dem Vertrieb den Markt. Marktpotentiale werden abgeschätzt und Produkte beim Kunden positioniert. Werbe- und Verkaufsförderungsmaßnahmen werden konzipiert.
  - Der Vertrieb ist das Bindeglied zwischen dem Verlag und dem Abnehmer, dem Buch- oder Zeitschriftenhandel. Er betreut die Kunden des Verlags und vereinbart Konditionen.
  - Ebenso ist der Vertrieb für das Einwerben von Anzeigen für Zeitungen oder Zeitschriften verantwortlich. Insbesondere bei Fachzeitschriften hat dies hohen Stellenwert, da sich die Produkte nur zum Teil über den Verkauf finanzieren lassen.

Derzeit zeichnet sich aber ab, dass die Bereiche Content und Herstellung immer stärker ineinander greifen und eine Trennung der beiden künftig nicht mehr möglich sein wird (vgl. Koblinger 2002, S. 41).

Die Aufgaben Rechte und Lizenzen, Finanzen und Controlling sowie das Personal werden – wie für kleine und mittlere Unternehmen typisch – durch die Geschäftsführung und/oder Verwaltung des Verlages verantwortet.

Die folgende Graphik veranschaulicht zusammenfassend Organisation und Abläufe der Verlage noch einmal. Aufgrund der komplexen Prozesse und zunehmenden Überschneidung einzelner Funktionen können in der Praxis Funktionen und Prozesse je nach individuellen Rahmenbedingungen auch abweichen.

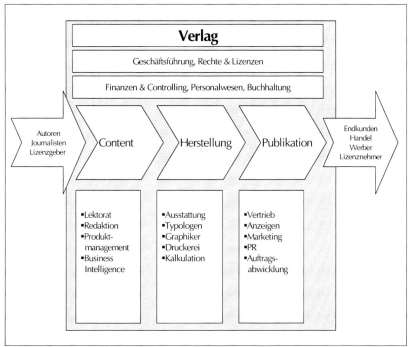

Abb. 2.1: Organisation und Prozesse der Verlage

2.2 IT-Unterstützung der einzelnen Aufgabenbereiche

Die oben skizzierten Prozesse und Funktionen eines Verlages können auf vielfältige Weise durch Informationstechnologie unterstützt werden. In der vorliegenden Studie fassen wir unter den einzelnen Verlagsabteilungen die folgenden, potentiell per IT zu unterstützenden Aufgaben zusammen:

- Verwaltung (mit Geschäftsführung)
    - Betriebliches Rechnungswesen (BRW)
    - Personalverwaltung
    - Rechte- und Lizenzmanagement
    - Controlling

- Content (Redaktion/Lektorat)
  - Redaktionssysteme/Content Management Systeme (CMS)
  - Business Intelligence (BI)/Marktforschung (Mafo)
  - Produktmanagement
- Herstellung
  - Druck
  - Ausstattung/Graphik
- Publikation (Distribution/Marketing)
  - Customer Relationship Management (CRM)/Kundenservice
  - Anzeigenvertrieb
  - Vertrieb/Marketing/Public Relations (PR)
  - Auftragsmanagement

Dabei ist zu beachten, dass Aufgaben wie Business Intelligence/Marktforschung auch andere Abteilungen (hier primär die Publikation) betreffen. Die oben gewählte Zuordnung zu einem Verlagsbereich erfolgt daher nur zur Strukturierung. Je nach Verlagsorganisation kann unter Umständen eine andere Zuordnung sinnvoller sein.

Die einzelnen Aufgaben können je nach Grad der informationstechnischen Durchdringung des Verlages...

- ohne IT-Unterstützung (per Hand),
- mit einer (ggf. selbst erstellten) Einzellösung,
- (teil-)integriert mit anderen Aufgaben,
- vollintegrativ als Systemlösung oder
- über externe Services (Outsourcing) und auch extern integriert erfolgen.

Die nebenstehende Tabelle stellt die Aufgabenbereiche in den Verlagen noch einmal in Beziehung zum Grad des IT-Einsatzes bzw. der IT-Integration.

Grad der IT-Nutzung / -Integration Aufgabenbereich		„per Hand"	Einzel-lösung	(teil-) integ-riert	System-lösung	externe Services und Integration
Verwaltung	Betriebliches Rechnungswesen		→			
	Personalverwaltung			→		
	Rechte Lizenzen			→		
	Finanzen Controlling			→		
Content	Produktmanagement			→		
	Busin. Intelligence Marktforschung			→		
	Redaktionssystem CMS				→	
Herstellung	Druck				→	
	Ausstattung Grafik				→	
Publikation	CRM Kundenservice				→	
	Anzeigenvertrieb				→	
	Vertrieb (inkl. Online)				→	
	Auftragsmanagement				→	

Tab. 2.1: Aufgaben in Verlagen und deren IT-Umsetzung

Die Pfeile verdeutlichen dabei, dass die Qualität bzw. der Grad des IT-Einsatzes und der IT-Integration in den Aufgabenbereichen von links nach rechts zunehmen. Verlage, deren Prozesse hochgradig auf IT-Unterstützung bauen, werden ihre Abteilungen daher tendenziell eher am rechten Ende einordnen können.

3 State-of-the-Art

3.1 Literaturanalyse

In einer erschöpfenden Recherche wurden Studien sowie sonstige wissenschaftliche und praxisorientierte Publikationen zur IT-Nutzung kleiner und mittlerer Unternehmen – insbesondere zu Verlagen – zusammengetragen und ausgewertet. Dieser State-of-the-Art gibt nachfolgend Aufschluss über den Status Quo des IT-Einsatzes in kleinen und mittleren Verlagen und fundierte Forderungen bzw. Empfehlungen aus Wissenschaft, Wirtschaft und Verbänden zur IT-Unterstützung von Verlagsaufgaben.

Die Befundlage zeigt noch deutlichen Forschungsbedarf. Denn bislang existieren ohnehin nur wenige Untersuchungen zum IT-Einsatz in KMU allgemein, zu kleinen und mittleren Verlagen entsprechend noch weniger. Zudem werden primär nur ausgewählte Themen, z. B. das Digitale Rechtemanagement (DRM) oder Technologien wie XML, untersucht bzw. deren Stellenwert erläutert. Lediglich die Studie von Koblinger (2002) sowie die der EU (2009) liefern breit angelegte Ergebnisse. Koblingers Untersuchung ist jedoch bereits einige Jahre alt, die der EU weist methodische Schwachstellen auf (fehlende Authentifizierung der Antwortenden). Eine sich dem Thema global nähernde, methodisch anspruchsvolle und dabei KMV bundesweit einbeziehende Studie existiert u. E. bislang nicht. Diese Forschungslücke soll die vorliegende Studie des Deutschen Instituts für kleine und mittlere Unternehmen schließen.

Der Status Quo

Generell nutzen kleine Unternehmen (bis zehn Mitarbeiter) in Deutschland deutlich seltener Informationstechnologie (78%) als der Rest der Unternehmen mit mehr als zehn Beschäftigten (95%) (Bauer/Tenz 2008, S. 1200). Ähnlich verhält es sich bei der Beschäftigung von Fachpersonal: In 79% der IT-nutzenden Großunternehmen (>250 Beschäftigte) wurden Fachkräfte beschäftigt, jedoch nur in 9% der kleinen Unternehmen mit weniger als 20 Mitarbeitern (Bauer/Tenz 2008, S. 1206).

Insgesamt wurden in der Bundesrepublik Deutschland zuletzt 2772 Verlagsunternehmen mit einem Umsatz ab € 17.500 p. a. erfasst. Legt man die KMU-Definition des IfM Bonn zugrunde, können somit 2173 dieser Verlage als kleine Unternehmen (mit bis zu € 1 Mio. Jahresumsatz) definiert werden

(Statistisches Bundesamt 2004 zitiert nach BDB, IfM Bonn). Somit kann davon ausgegangen werden, dass auch Verlage wenig IT einsetzen.

Der besonderen Herausforderungen für kleine und mittlere Verlage in einer zunehmend digitalen Welt ist sich auch die Europäische Union (EU) bewusst. Daher wurde im Frühjahr 2009 unter dem Titel „Kleine und mittelgroße Verlage in der EU im digitalen Zeitalter: Technologie- und Unternehmensinnovation" eine Erhebung durchgeführt, die Probleme der KMV offen legen sollte. Da der Fragebogen jedoch online ohne Authentifizierung zugänglich war und keine Verifizierung des KMV-Status erfolgte, ist eine Ergebnisverzerrung wahrscheinlich. Bei Erstellung dieser Schrift waren die Ergebnisse jedoch leider noch immer nicht verfügbar, so dass diese nicht mit einfließen konnten.

Verwaltung

In der Verwaltung verzichtet allein aufgrund gesetzlicher Vorgaben kaum ein Unternehmen auf den Einsatz moderne IT. Allerdings besteht hier bei KMU allgemein Verbesserungsbedarf. Die Potentiale kaufmännischer IT (nur 43% nutzen ERP-Anwendungen) werden häufig verkannt und die Unternehmen behelfen sich stattdessen mit Microsoft Office Anwendungen (45%). 12% setzen gar keine kaufmännische IT ein (vgl. Klüpfel et al. 2008, S. 1).

In der Verlagsbranche sind die fachlichen Anforderungen an Geschäftsführer auf diesem Gebiet deutlich gestiegen. Primär Computerkenntnisse, medienneutrales Publizieren und Internetwissen sind von großer Bedeutung. Ähnliche Anforderungen gelten auch für die Beschäftigten in Verlagen (Koblinger 2002, S. 32 f.).

Besonders das Digitale Rechtemanagement (DRM) gewinnt auch für Verlage im Zuge zunehmender Rechteketten und Mehrfachverwertungen ebenfalls erheblich an Bedeutung. Dabei geht ein DRM weit über eine Einzellösung zur Erfassung und Abrechnung von Rechten hinaus. Inhalte, Zugangsmodelle und Abrechnung stehen in komplexer Interaktion, die ein hochgradig integriertes System erfordern. Da die Digitalisierung der Medien je nach Zielgruppe und Kategorie sehr differenziert stattfindet, scheint DRM für Verlage noch nicht die höchste Priorität zu besitzen. Aber die sichtbaren Entwicklungen der letzten Jahre drängen dazu, Lösungen bereits jetzt zu implementieren. In Deutschland basieren zwar erst 5% der Umsätze auf elektronischen Produkten, in den USA sind es aber z. B. bei juristischen Informationen bereits 65% (vgl. Grisebach 2005, Ronte 2001). Auch wenn diese Zahlen zu hinterfragen sind, da sich unterschiedliche Angaben bei verschiedenen Autoren finden, zeigen Sie doch einen Trend auf.

Content

In den meisten Verlagen bestehen heutzutage verschiedene IT-Systeme und IT-Lösungen nebeneinander. Verlage suchen zudem nach Lösungen, die auf Bestehendes aufsetzen. Denn mangelnde Kompatibilität und Verbundfähigkeit gehören zu den größten IT-Problemen für KMU (vgl. Heinold 2004, Graumann 2008, Gehrmann/Keup 2007). Die Implementierung von Content Management Systemem (CMS) orientiert sich daher meist stark an den betriebsindividuellen Rahmenbedingungen, so dass Kompromisse eingegangen werden. Je nach Anforderungen des Verlags kommen Komplett- oder Eigenlösungen mit oder ohne XML (eXtensible Markup Language) zum Einsatz (Heinold 2004). Da die Abteilungen Content und Herstellung immer stärker zusammen wachsen, ist nach Koblinger (2002, S. 19) eine IT-Trennung künftig nicht mehr sinnvoll. Die technologische Integration ist notwendig, wobei Print- und Onlineprodukte nicht mehr unabhängig von einander gesehen werden dürfen.

Herstellung

Der klassische Herstellungsprozess findet oftmals nicht im Verlag selbst, sondern durch externe Dienstleister statt. Der Abteilung Herstellung im Verlag kommen primär dispositive Aufgaben zu: Die Planung des Herstellprozesses, die Auswahl geeigneter Dienstleister und die Prozesskoordination (vgl. Ortelbach 2007, S. 27 ff.). In 61% der Verlage mit elektronischen Produkten ist jedoch eine eigene Abteilung für deren Herstellung verantwortlich, in 39% hingegen nicht (Koblinger 2002, S. 24).

Cross Media und E-Publishing (Internet, E-Books, Print-on-Demand) sind die zentralen Treiber der Veränderungen in der Herstellung in der Verlagsbranche. Hinzu kommen neue Publikationswege wie z. B. Smartphones (Ronte 2001). Koblingers (2002, S. 24) Untersuchung zur Folge werden unter den elektronischen Publikationsformen jedoch primär CD-ROMs (64%) und das Internet (45%) von kleinen und mittleren Verlagen genutzt. Publishing on Demand, E-Books und DVDs waren bei den Befragten so gut wie nicht präsent. Dies sollte sich u. E. jedoch mittlerweile deutlich geändert haben.

Für Cross Media und E-Publishing ist das Internet der aktuell von den Verlagen am stärksten wahrgenommene Kanal. 89% der Verlage glauben, dass Online-Produkten die Zukunft gehört (Koblinger 2002, S. 22). Technologien wie XML bieten sich hier an, um eine medienneutrale Datenhaltung und crossmediale Mehrfachverwertung zu gewährleisten. Eine Studie der LMU München zeigt jedoch, dass nur 29% der Verlage XML einsetzen. Diese geringe Verbreitung ist den Autoren zufolge dem großen Anteil (75%) kleiner Verlage an der Grundgesamtheit der Studie geschuldet. Denn es zeigt sich, dass kleine Verlage (mit weniger als 50 Mitarbeitern) XML nur mäßig einsetzen. Als Gründe für den Nicht-Einsatz gaben etwa 38% der kleineren Verlage Know-how-Defizite an, etwa 20% unterstellten der Technologie mangelnde Relevanz (Benlian et al. 2005, S. 218).

Publikation

Eine Trennung Print- und Onlinevermarktung erscheint nach Koblinger (2002, S. 19) nicht mehr zeitgemäß. Eine koordinierte Mehrfachverwertung müsse im Mittelpunkt des Verlagshandelns stehen. Um dies umzusetzen, sind die medienneutrale Datenhaltung (wie z. B. mit XML) und ein digitaler Workflow anzustreben.

79% der von Koblinger befragten Verlage verfügten zwar bereits über einen Internetauftritt. Genutzt wurde dieser jedoch hauptsächlich zur Präsentation (76%) des Unternehmens und zur Kommunikation mit den Kunden (69%). 52% boten ebenfalls eine Auftragsbestellung über ihre Internetpräsenz an. Eine komplette Auftragsabwicklung, d. h. von der Bestellung bis zur Auftragsbezahlung, spielte in den befragten Verlagen jedoch kaum eine Rolle. Der Verkauf von Werbeflächen im Internet und elektronischen Fachinformationen (pay per search) ist nicht etabliert (Koblinger 2002, S. 23).

Durch externe Serviceanbieter könnten gerade kleine und mittlere Verlage ohne große Investitionen professionell elektronische Vertriebswege nutzen. Dass sich KMU im Allgemein beim E-Business noch schwer mit der Inanspruchnahme externer Dienstleistungen tun, zeigt eine aktuelle Studie. Nur 20% der Unternehmen lagern ihr E-Business teilweise aus. Ein Outsourcing der Gesamtlösung erfolgt nur durch 6%. Als Vorbehalte gegen das Outsourcing wurden von den Unternehmen primär Kosten und ein möglicher Kontrollverlust über sensible Daten genannt (techconsult 2008). Dies dürfte wohl auch für kleine und mittlere Verlagen gelten.

Zusammenfassung und Bewertung

Zusammenfassend lassen sich folgende Befunde und Forderungen aus der Literatur festhalten:

Kleine und mittlere Unternehmen allgemein sollten insgesamt verstärkt auf eine informationstechnische Durchdringung ihrer Unternehmensprozesse setzen, um Effizienz- und damit Wettbewerbsvorteile zu generieren (vgl. Klüpfel et al. 2008).

Das Digitale Rechtemanagement muss rechtzeitig hohe Priorität auf der Agenda der Verlage erhalten (vgl. Grisebach 2005), da die Entwicklungen der letzten Jahre dazu drängen.

Die Abteilungen Content und Herstellung greifen schon heute so stark ineinander, dass eine IT-Trennung inadäquat und eine starke informationstechnische Integration von Nöten ist (Koblinger 2002, S. 19).

Weiter erfordern die Veränderungen in der Verlagsbranche eine stärkere crossmediale Verwertung des Contents und damit eine medienneutrale Datenhaltung auch in kleinen Verlagen. Es wurde gezeigt, dass der durch den Einsatz der XML-Technologie gestiftete Nutzen die Kosten überwiegt. Es ist daher denkbar, dass sich in Zukunft Effizienzsteigerungen zwischen den Wertschöpfungsketten printorientierter Medienunternehmen generieren lassen (Benlian et al. 2005, S. 227). Diese kämen gerade kleinen und mittleren Verlagen zu Gute. Ebenso ermöglichen XML und Digitaldruckverfahren ein Print-on-Demand. Dies hilft kleinen und mittleren Verlagen bei kleineren Auflagen hohe Fixkosten zu sparen.

Resümierend zeigt die Literaturanalyse damit, dass es zum IT-Einsatz in kleinen und mittleren Verlagen noch erheblichen Forschungsbedarf gibt. Insbesondere Widerstände gegen IT und Defizite in der Nutzung sind bislang kaum erforscht. Ebenso lässt die Befundlage auch keine Ableitung sinnvoller IT-Nutzer-Typen zu. Es bleibt in der Literatur zumeist bei sehr singulären und wissenschaftlich profanen Erkenntnissen und Forderungen.

Nachfolgend werden Befunde und Forderungen noch einmal tabellarisch aufgeführt:

Befunde und Forderungen aus Wissenschaft & Praxis	Quelle(n)
IT-Nutzung (78%) und -Personal (9%) in kleinen Unternehmen deutlich seltener als in größeren (95% bzw. 79%).	Bauer/Tenz 2008
KMU müssen zur Effizienzsteigerung (bis zu 40%) und Stärkung der Wettbewerbsfähigkeit stärker auf IT-Durchdringung setzen.	Klüpfel et al. 2008
ERP-Einsatz in kleinen Unternehmen unter 50 MA sehr gering (43% ERP, 45% Office, 12% gar keine IT).	Klüpfel et al. 2008
IT-fachliche Anforderungen an Verlage enorm gestiegen.	Koblinger 2002
Systematisches DRM gewinnt auch für Verlage an Bedeutung (in den USA erfolgt bereits 65% der Umsatzgenerierung bei juristischen Informationen über E-Produkte).	Grisebach 2005, Ronte 2001
Geschäftsmodelle müssen über DRM rechtzeitig anpasst werden (derzeit nur 5% Umsatz über E-Produkte in Deutschland).	Grisebach 2005
Cross Media/E-Publishing noch kaum genutzt durch KMV (64% CD-ROM, 45% Internet, PoD/E-Books/DVD noch irrelevant).	Koblinger 2002
Hersteller müssen Kompatibilität der IT-Lösungen gewährleisten, da in KMV viele verschiedene Lösungen koexistieren.	Heinold 2004, Graumann 2008, Gehrmann/Keup 2007
Trennung der Verlagsabteilungen nicht mehr zeitgemäß, IT-Integration und medienneutrale Datenhaltung wichtig, um neuen Anforderungen (z. B. Mehrfachverwertung) zu genügen.	Benlian et al. 2005, Koblinger 2002
XML kommt kaum zum Einsatz (nur 29%). Gründe: Know-how-Defizite (38%), unterstellte mangelnde Relevanz (20%).	Benlian et al. 2005
Kaum E-Business-Nutzung: 79% besitzen einen Internetauftritt. Jedoch primär zu Verlagspräsentation (76%) und zur Kundenkommunikation (69%). 52% boten auch Auftragsbestellung an. Eine komplette Auftragsabwicklung sowie der Verkauf von Werbeflächen im Internet und elektronischen Fachinformationen (pay per search) sind kaum etabliert.	Koblinger 2002
KMU generell zurückhaltend bei Outsourcing von E-Business (20% Teilauslagerung, 6% komplett).	techconsult 2008

Tab. 3.1: Befunde und Forderungen aus Wissenschaft und Praxis

3.2 Expertenmeinungen

Nach der Literaturanalyse und mit den dort gefundenen Befunden zum IT-Einsatz in Verlagen wurden im Juni/Juli 2009 zusätzlich sechs ausgewählte Experten zur Nutzung von Informationstechnologie in kleinen und mittleren Verlagen, dort möglicherweise bestehenden Defiziten sowie Nachholbedarfe und Hemmnissen befragt. Die Experten stammten aus Verlagen, Verlagsverbänden oder Unternehmen, die verlagsspezifische IT anbieten. Die Interviews dauerten im Durchschnitt 20 Minuten. Die Befragung erfolgte telefonisch entlang der folgenden Fragen und besaß qualitativ-explorativen Charakter.

- In welchen Verlagsbereichen bestehen Ihrer Meinung nach derzeit die größten Verbesserungs-/Nachholbedarfe bei der IT?
- Welche Hemmnisse stehen diesen entgegen?
- Wo gibt es anbieterseitig die größten Technologiesprünge?
- Können Sie unterschiedliche Typen der IT-Nutzung in der Verlagsbranche erkennen?

Die erhaltenen Antworten wurden inhaltlich ausgewertet und zusammengefasst. In Summe vermittelten die Experten das folgende Bild der IT-Nutzung in KMV:

- Der Einsatz von Informationstechnologie in kleinen und mittleren Verlagen erfolgt derzeit sehr fragmentiert. Durch alle Abteilungen hinweg besteht *erheblicher Verbesserungsbedarf*. Insbesondere bei der informationstechnischen Integration der verschiedenen Aufgabenbereiche besteht Nachholbedarf. Überdies werden primär in der Produktplanung (Integration), der Herstellung (Automatisierung) und im Vertrieb (Vernetzung von Produkt-, Markt- und Kundendaten) Potentiale nicht ausgeschöpft.

- Als *größtes Hemmnis* der IT-Durchdringung von Verlagen nannten die Experten mehrheitlich das besonders in kleinen Verlagen dominierende traditionelle Selbstverständnis, bei dem der schöpferische Prozess der Content-Erstellung und das Denken in einzelnen Publikationsformen und weniger dessen crossmediale Verwertung und Vertrieb im Mittelpunkt stehen. Auch bestünden Widerstände der einzelnen Abteilungen gegen eine zunehmende gegenseitige Integration.

- Weiterhin fehlten oft die notwendigen personellen und finanziellen Ressourcen zur Verbesserung der IT-Infrastruktur. Die am Markt angebotenen Lösungen seien nicht individuell genug.

- Viele Verlage hätten auch Schwierigkeiten, sich konsequent strategisch (Print oder Online) auszurichten. Daraus resultiere auch das *Fehlen einer nachhaltigen IT-Strategie*.
- Die größten *Technologienentwicklungen* sahen die Experten beim Cross Media und E-Publishing, d. h. bei E-Books, Internet und mobiles (PDA, Smartphones). E-Books seien ein starker Trend, den Verlage mitmachen müssten, auch wenn der Endkundennutzen derzeit noch gering ausfalle. Mobiles wird als Trend derzeit noch völlig verkannt. Allerdings stehen auch hier personelle und finanzielle Engpässe einer zügigen Adaption durch die KMV entgegen.
- Weiterhin gäbe es im CRM derzeit die Tendenz, dass Verlage ihre Kunden umfassender wahrnehmen wollen, um ihnen den bestmöglichen Service zu bieten. Die IT-Anbieter haben dies erkannt.
- Ebenfalls wurde das *SOA-Konzept als zukunftsweisend* und den Verlagen mehr Flexibilität verleihend hervorgehoben.
- Insgesamt fehlen jedoch „individuelle out-of-the-box-Lösungen[1]".
- Auf die Frage nach erkennbaren *IT-Nutzer-Typen* in der Verlagsbranche wurde mehrheitlich eine Klassifizierung ausschließlich nach der Größe vorgeschlagen. Kleinere Verlage würden viel selbst und zum Teil mit einfachsten Mitteln (Microsoft Office) machen. In Abhängigkeit von der Qualität der Interaktion mit dem Kunden, würden kleinere Verlage daher auch weniger unter Normierungs- und Integrationsdruck stehen als größere. Ebenso sei Outsourcing aus Kosten-/Nutzen-Gründen bei kleineren Verlagen weniger verbreitet. Mittlere Verlage seien hingegen meist technologisch weit vorne, stünden aber unter enormem Kosten- und Wettbewerbsdruck. Größere Verlage hingegen würden stark zu informationstechnischer Integration, Automatisierung und Outsourcing neigen. Sie investierten daher auch am meisten in die Unternehmens-IT.
- Ein einzelner Experte sah allerdings weniger in der Größe der Verlage, als vielmehr in ihrem bearbeiteten Marktsegment eine Typenbildung. Das Verlegen von Zeitungen, Fachzeitschriften oder Büchern sei derart verschieden, dass sich daraus ganz unterschiedliche IT-Nutzungsmuster ergäben.
- Abschließend weisen die Experten darauf hin, dass in KMV durch IT noch erhebliche Effizienzsteigerungen erreicht werden können. Vielfach

---

[1] „out-of-the-box" bedeutet, dass das Produkt ohne weitere Modifikationen direkt vom Kunden eingesetzt werden kann und seinen Anforderungen entspricht.

seien Integration und Automatisierung noch viel zu gering fortgeschritten. Der Nutzen und die Kosteneffekte würden stark unterschätzt. Die Verlage müssen offener werden für Veränderungen (Organisation, Prozesse) und sich aktiv und strategisch mit neuen Publikationswegen und ihrem Einsatz auseinandersetzen.

Die nachfolgende Tabelle stellt die zentralen Aussagen der befragten Experten noch einmal zusammen:

Expertenmeinungen
▪ IT-Nutzung in Verlagen erfolgt sehr kleinteilig (Einzel-/Insellösungen).
▪ Größte Potentiale liegen in der Herstellung/dem Vertrieb (Integration/Automatisierung).
▪ Größtes Hemmnis ist das traditionelle Selbstverständnis und die mangelnde Bereitschaft der Abteilungen, sich zu integrieren.
▪ Weitere Hemmnisse seien knappe Ressourcen und fehlende IT-Strategien.
▪ Cross Media und E-Publishing zeigen die größten technologischen Fortschritte, nicht aber bei der Adaption durch die KMV, jedoch bei den Großen.
▪ Unterschiedliche Verhaltens- bzw. Nutzungsmuster (Typen) werden primär durch die Verlagsgröße (Mitarbeiter und Umsatz) bestimmt.
▪ Das Effizienzpotential durch IT wird gerade von den kleinen Verlagen noch stark unterschätzt.
▪ Verlage müssen „offener" im Umgang mit IT werden, die Unternehmenskultur stellt oftmals ein zentrales Hemmnis gegen die Adaption dar.

Tab. 3.2: Meinungen der Experten

3.3 Workshop mit dem Projektpartner

Die bis hierher erarbeitenden Erkenntnisse aus Wissenschaft, Praxis und Expertenbefragung wurden in einem Workshop mit dem Projektpartner, der Siemens IT Services and Solutions, ausgiebig diskutiert. Ziel war es, die vorhandenen Befunde zu bewerten und um die Expertise des Projektpartners zu ergänzen. Weiterhin sollten mögliche Kriterien für eine Nutzer-Typologie abgeleitet und das grundsätzliche empirische Design für die Unternehmensbefragung skizziert werden.

Expertenmeinung des Projektpartners

Der Projektpartner stimmte den Einschätzungen der befragten Experten überwiegend zu. In der Diskussion wurde noch einmal deutlich, dass...

- das größte Defizit in den Verlagen die fehlende (IT-)Integration zwischen den einzelnen Abteilungen darstellt.
- sich die Prozesse in Verlagen stark verändert haben, die Verlage jedoch mit der Anpassung an bzw. der informationstechnischen Adaption dieser neuen Prozesse noch in Verzug sind.
- die Herstellung oftmals bereits mit IT-Unterstützung arbeitet, die Vermarktung und die Nachkaufkommunikation jedoch große Defizite in der IT-Nutzung aufweisen. Auch eine IT-gestützte Erfolgsmessung der Kampagnen erfolgt nicht.
- IT-Lösungen zur Erschließung und Nutzung der Produkt- und Unternehmensdaten (Business Intelligence) bislang nicht genutzt werden.
- überdies die enormen Potentiale in der Contentvermarktung nicht erschlossen sind und die Entwicklung neuer Geschäftsmodelle noch immer nicht IT-gestützt erfolgt.
- anbieterseitig umfangreiche Lösungen zur Kundenkommunikation, Mehrfachverwertung, Virtualisierung („Cloud Computing") etc. existieren, diese aber in den KMV nicht verbreitet oder sogar nicht bekannt sind.

Kriterien für eine Nutzer-Typologie

Die Erkenntnisse aus Literaturanalyse, Expertenbefragung und Workshop führten zur Festlegung der folgenden Leit- und Unterkriterien. Diese sollen zur Identifikation unterschiedlicher IT-Nutzer-Typen unter den Verlagen dienen:

(Leit-)Kriterium	Unterkriterien (erläuternd)
IT-Integration	Wo? Grad? (vgl. Tab. 2.1)
Professionalität	Automatisierung, Datenhaltung, E-Business, Mehrfachverwertung
Größe, Komplexität	Umsatz, Zahl der Produkte, Mitarbeiterzahl, Arbeitsteilung
Charakter GF	IT-Affinität, Vorbildung, Alter des/der GF, Selbstverständnis des Verlags, inhaber-/fremdgeführt
Verlagsart	Buchverlag, Zeitschriftenverlag, Zeitungsverlag

Tab. 3.3: Kriterien zur Nutzertypologie

Aufbauend auf diese Kriterien und unter Berücksichtigung der
- Operationalisierbarkeit,
- Auswertbarkeit (quantitative, unabhängige Messvariablen),
- sowie dem Erkenntnisinteresse nach expliziten Defiziten in den Verlagen

erfolgt später die Erstellung eines Fragebogens für die Erhebung bei den Verlagen.

3.4 Zwischenfazit und Hypothesen

Die Erkenntnisse aus der Analyse vorhandener Studien und Publikationen sowie der Expertengespräche und des Workshops lassen folgendes Fazit zur IT-Nutzung in kleinen und mittleren Verlagen zu:

- Die IT-Nutzung erfolgt besonders in kleinen Verlagen noch wenig systematisch. Einzellösungen sind vorherrschend. Eine IT-Strategie existiert nicht.
- IT-Integration und Automatisierung nehmen mit der Verlagsgröße zu. Damit einhergehend investieren größere Verlage auch deutlich mehr in IT oder greifen häufiger auf externe Dienstleister zurück.
- Viele Verlage meinen eine Grundsatz-Entscheidung zwischen Print und Online treffen zu müssen. Vielmehr ist jedoch ein Medien-Mix, d. h. die strategisch durchdachte Nutzung der verschiedenen Publikations- und Distributionskanäle nebeneinander, erforderlich. Damit einhergehen dann auch ein entsprechender Technologie-Mix und die Integration der IT.
- Oftmals steht das traditionelle Selbstverständnis der Verlage der Adaption neuer Technologien und der informationstechnischen Integration und Automatisierung entgegen. Somit muss die IT-Nutzung in Verlagen auch immer vor dem Hintergrund der Unternehmenskultur gesehen werden. Ggf. bedeutet ein IT-Projekt daher primär Change Management im Sinne der Veränderung der Unternehmenskultur. Typische Widerstände gegen die Implementierung von (neuer, zusätzlicher) Informationstechnologie sind demnach:
    - Grundsätzliche Vorbehalte gegen den IT-Einsatz.
    - Die Kosten des IT-Einsatzes.
    - Die Angst vor Systemausfällen.

- Die Angst einzelner Personen/Abteilungen an Macht im Unternehmen zu verlieren.
- Die (eher traditionell geprägte) Unternehmenskultur.
- Mangelnde Kenntnisse zum Nutzen und Einsatz von IT.

Auf Grundlage der bislang gewonnenen Erkenntnisse lassen sich somit folgende, zum Teil nahe liegende aber für die spätere Ableitung von Nutzer-Typen grundlegende Hypothesen formulieren:

- Mit zunehmender Größe und Komplexität des Unternehmens, d. h. Anzahl der lieferbaren Titel und Mitarbeiterzahl, nimmt der IT-Integration in den Verlagen zu.
- Gleichwohl beeinflusst auch die Verlagsausrichtung (Buch, Zeitung, Zeitschrift) aufgrund unterschiedlicher Herstellprozesse und Lebensdauern der Titel, d. h. unterschiedlicher Komplexität, die IT-Integration.
- Ebenso beeinflusst die IT-Affinität, d. h. die Einstellung und Vorbildung der Geschäftsführung sowie das Selbstverständnis des Verlags, den IT-Einsatz bzw. die grundsätzliche Bereitschaft zum Einsatz von Informationstechnologie.
- Verlage mit einem eher traditionellen Selbstverständnis werden häufiger und in der Summe mehr Widerstände gegen den IT-Einsatz im Unternehmen vorfinden als moderne Verlage.
- Die Defizite beim IT-Einsatz der Verlage werden jenseits der weiter oben benannten allgemeinen Defizite sehr unternehmensindividuell ausfallen. Inwiefern es hier Abhängigkeiten zwischen dem Verlagstypus und den IT-Defiziten gibt, bleibt daher zu prüfen.
- Nutzer-Typen werden sich primär in Abhängigkeit von
    - der Verlagsart,
    - die Anzahl der lieferbaren Titel,
    - die Mitarbeiterzahl,
    - der Einstellung der Geschäftsführung zu IT,
    - der IT-Vorbildung der Geschäftsführung und
    - dem Selbstverständnis des Verlags

ableiten lassen. Bei der Einbeziehung der letzteren drei Kriterien in die Typologie ergibt sich jedoch das Problem, die Ergebnisse in der Folge auf weitere Verlage zu übertragen und diese ohne vorherige Befragung einem IT-Nutzer-Typus zuzuordnen. Die ersten drei Kriterien hingegen können ohne Befragung in Erfahrung gebracht werden. Gleichwohl wären die letzteren drei Kriterien wissenschaftlich interessant, da damit auch psychologische Einflussfaktoren neben organisationsbedingten einbezogen würden.

Diese Hypothesen sollen in der folgenden empirischen Untersuchung hinterfragt werden. Dazu soll eine Clusteranalyse durchgeführt werden.

4 Verlagsbefragung

4.1 Design und Durchführung

Ziel der Studie und Design

Aufbauend auf die bisherigen Analysen wurden von Mitte August bis Anfang November 2009 bundesweit kleine und mittlere Verlage befragt. Ziel der Erhebung war es, den Stand der IT-Nutzung, ihre Einstellung zum IT-Einsatz, Widerstände und Hemmnisse sowie Defizite zu ermitteln und unterschiedliche Nutzer-Typen zu differenzieren sowie Einflüsse und die oben aufgestellten Hypothesen zu prüfen.

Die Fragen

Die Fragen orientieren sich am Erkenntnisinteresse der Studie, unterschiedliche IT-Nutzer-Typen zu identifizieren. Konkret wurden die folgenden Items erhoben:

- Verlagsausrichtung (Buch, Zeitung, Zeitschrift)
- Anzahl der (lieferbaren) Titel
- Mitarbeiterzahl
- Durchschnittsalter der Geschäftsführung
- Form des Managements
- Selbstverstandnis des Verlags
- Einstellung der GF zur IT
- IT-Kenntnisse der GF
- Grad der IT-Integration
- Widerstände gegen IT
- IT-Einsatz in den Abteilungen
- Defizite

Neben dem exploratorischen Erhebungsziel sollten die Fragen und ihre Items auch der Überprüfung einiger der weiter oben aufgestellten Eingangshypothesen dienen (konfirmatorisch).

Einige dieser (Ad-hoc-)Hypothesen wurden aus den Erkenntnissen des ersten Teils der vorliegenden Studie abgeleitet und werden in Kapitel 4.4.2 mit den empirischen Ergebnissen verglichen.

Die Fragen und die Skalierungen der Antworten (Ratings) wurden daher so gewählt, dass sie in der Folge neben einer simplen monovariaten Auswertung auch die Anwendung bi- und multivariater Verfahren zulassen. Die Codierung und Skalierung des Fragebogens findet sich im Anhang.

Pretest und Durchführung

Grundlage der Befragung war der im Anhang zu findende Fragebogen, der für den Zeitraum der Befragung online auf der Interseite des DIKMU zur Verfügung stand. Zur Teilnahme aufgefordert waren Geschäftsführer, Mitglieder der Geschäftsführung oder leitende Angestellte, die für den Verlag sprechen können.

Anfang August wurde eine erste Fassung des Fragebogens in einem Pretest bei 12 Unternehmen geprüft und angepasst. Ebenfalls wurde der Fragebogen mit dem Projektpartner diskutiert. Pretest und Diskussion mit dem Projektpartner führten zu kleineren, sprachlichen Veränderungen der Fragen sowie zu geringfügigen technischen Korrekturen des Online-Fragebogens. Außerdem wurde die offene Frage nach erkannten IT-Defiziten ergänzt. Darüber hinaus waren keine Modifikationen des Fragebogens notwendig.

Die Befragung wurde in drei auf einander folgenden, sich jedoch zum Teil überschneidenden Schritten durchgeführt:

- *Befragung 1:* Durch Mitarbeiter des Projektpartners, der Siemens IT Solutions and Services, erfolgte bis Anfang Oktober 2009 eine persönliche, zum Teil auch telefonische Befragung bei bestehenden Kunden aus der Verlagsbranche. Dazu wurden insgesamt 45 Verlagsunternehmen angesprochen.

- *Befragung 2:* In Zusammenarbeit mit den großen Verbänden der Verlagsbranche (Börsenverein des Deutschen Buchhandels, Deutsche Fachpresse, Verband Deutscher Zeitschriftenverleger) erfolgte eine onlinegestützte, schriftliche Befragung bei deren Mitgliedsunternehmen. Die Verbände hatten über ihre Mitgliederzeitschriften bzw. -Newsletter zur Teilnahme aufgerufen. Über die Newsletter der Deutschen Fachpresse und des Verbands Deutscher Zeitschriftenverleger wurden insgesamt etwa 5.000 Verlagsbeschäftigte angesprochen, über den Newsletter des

Börsenvereins des Deutschen Buchhandels etwa weitere 1.600 Verlagsmitarbeiter. Da zu den Newsletterempfängern jedoch nicht nur Geschäftsführer, Mitglieder der Geschäftsführung und leitende Angestellte kleiner und mittlerer Verlage zählen, wurden hier von Beginn an große Streuverluste einkalkuliert.

- *Befragung 3:* Ergänzend befragten zwei geschulte Interviewer des Deutschen Instituts für kleine und mittlere Unternehmen telefonisch weitere Verlagsunternehmen. Um die Teilnahmebereitschaft zu erhöhen, wurden sämtliche kleine und mittlere Buch-, Zeitschriften- und Zeitungsverlage mit bis zu 500 Mitarbeitern eine Woche vor Beginn der Telefonbefragung per Email über die Ziele und Inhalte der Befragung informiert und zur Teilnahme aufgefordert. Die Verlagsadressen wurden aus der Schober Firmenadressen DVD 2009 Version 1.0 gefiltert. 651 Verlagsunternehmen entsprachen den genannten Kriterien (Verlagsart und Mitarbeiterzahl) und wurden für die Befragung angesprochen.

Insgesamt antworteten 313 Verlagsunternehmen. Durch die Befragung 1 konnten lediglich drei Rückläufe generiert werden, da die Mitarbeiter des Projektpartners Siemens auf große Reaktanz stießen. Seitens der angesprochenen Verlage wurden den Siemens Mitarbeitern rein vertriebliche Beweggründe für die Befragung unterstellt und die Teilnahme verweigert. Über Befragung 2 konnten insgesamt 124 Rückläufe generiert werden. In Summe wurden in diesem Befragungsschritt zwar die meisten Personen zur Teilnahme aufgefordert. Da zu den Empfängern der Verbandsnewsletter jedoch nicht nur Personen innerhalb der Zielgruppe gehören, sind hier auch die größten Streuverluste und damit die niedrigste relative Rücklaufquote zu verzeichnen. 186 Rückläufe entfielen auf Befragung 3. Die hohe relative Rücklaufquote ist dabei vermutlich auf die Wahrnehmung des DIKMU als neutrale, wissenschaftliche Einrichtung durch die Befragten sowie die direkte telefonische Ansprache nach vorheriger Ankündigung per Email zurückzuführen.

Befragung	angesprochene Verlage/Verlagsmitarbeiter	HK Rücklauf abs.	Rücklaufquote
1 Siemens (pers./tel.)	45	3	6,7 %
2 Verbände (online)	ca. 6.600	124	1,9 %
3 DIKMU (tel.)	651	186	33,2 %

Tab. 4.1: Rücklaufquoten der einzelnen Befragungen

Insgesamt entfallen somit mehr als die Hälfte der Gesamtrückläufe auf die telefonische Befragung durch das DIKMU und rund 40% auf die Online-Erhebung mit Unterstützung der Verbände. Die Befragung durch den Projektpartner Siemens fällt im Gesamtsample kaum ins Gewicht.

Befragung	HK Rückläufe abs.	Anteil an Rücklaufquote
1 Siemens (pers./tel.)	3	1,0 %
2 Verbände (online)	124	39, 6 %
3 DIKMU (tel.)	186	59,4 %
Gesamt	313	100,0 %

Tab. 4.2: Anteile der einzelnen Befragungen an den Gesamtrückläufen

Überschneidungen zwischen den Befragungen, d. h. Mehrfachantworten einzelner Verlage, wurden durch die Erhebung der Postleitzahl in Verbindung mit der IP-Adresse des Antwortenden ausgeschlossen.

Auswertung und Interpretation

Die sich der Erhebung anschließende quantitativ-statistische Auswertung sowie die qualitative Interpretation wurden sodann ausschließlich im Deutschen Institut für kleine und mittlere Unternehmen durchgeführt. Es wurden folgende Schritte vorgenommen:

- Dokumentation und Analyse des Samples (mono- und bivariate Auswertung, Kap. 4.2), d. h. Darlegung...

  - der absoluten und relativen Häufigkeitsverteilungen der Eingangsvariablen (Verlagsausrichtung, Verlagsgröße/Mitarbeiterzahl, Alter der Geschäftsführung, Managementform, Selbstverständnis, Einstellung zur IT, IT-Kenntnisse) sowie

  - ausgewählter Zusammenhänge innerhalb des Samples (Analyse von Interdependenzen zwischen den Eingangsvariablen).

- Analyse des Umfangs der IT-Integration in den Verlagen sowie der Widerstände und Defizite (Kap. 4.3), d. h. Darlegung und Interpretation...

  - des Grads der IT-Integration und des IT-Einsatzes (Analyse der Rating-Mittelwerte und Standardabweichungen),

  - ausgewählter Einflussfaktoren (Eingangsvariablen) auf die IT-Integration mittels Korrelationstests nach Spearman sowie kreuztabellarischen Vergleichen mit Chi-Quadrat-Tests,

- ausgewählter Einflussfaktoren (Eingangsvariablen) auf den IT-Einsatz in den einzelnen Teilbereichen mittels Korrelationstests nach Spearman sowie kreuztabellarischen Vergleichen mit Chi-Quadrat-Tests,
- der Widerstände gegen IT im Verlag (differenziert nach Verlagsart, Management und Selbstverständnis),
- Weiterhin erfolgt eine qualitative Auswertung und Darlegung der Häufigkeitsverteilungen der IT-Defizite (offene Frage) in den Verlagen.
- Außerdem werden sonstige, mögliche Einflussfaktoren (Standort, Einfluss der Befragungssituation/Interviewer) varianzanalytisch bzw. über Korrelationstests überprüft (Kap. 4.4.1).
- Abschließend erfolgt eine Thesenüberprüfung (Kap. 4.4.2).
- Aufbauend auf die statistischen Analysen werden die zentralen Bestimmungsfaktoren für den IT-Einsatz in Verlagen herausgearbeitet. Diese sollen sodann die Ableitung der angestrebten IT-Nutzer-Typologie ermöglichen (Kap. 4.5.1).
- Nach vorausgehenden Korrelations-, Varianz- sowie Faktorenanalysen zu den herausgearbeiteten Bestimmungsfaktoren werden mittels der mathematischen Methode der Clusteranalyse homogene Typen (Cluster) der IT-Nutzung gebildet (Kap. 4.5.2).
- Abschließend erfolgt eine Zusammenfassung der zentralen Erkenntnisse und ihrer Implikationen für die kleinen und mittleren Verlage, die Anbieter von Verlags-IT, die Branchenverbände/Branchenöffentlichkeit und die Wissenschaft (Kap. 5).

4.2 Die befragten Verlage

Im Folgenden werden zunächst die erhobenen Eigenschaften (im weiteren Verlauf bezeichnet als „Eingangsvariablen") – Verlagsausrichtung, Verlagsgröße/Mitarbeiterzahl, Alter der Geschäftsführung, Managementform, Selbstverständnis, Einstellung zur IT, IT-Kenntnisse – der Verlage im Sample monovariat ausgewertet, dargelegt und interpretiert. Darauf folgend werden einzelne bivariate Vergleiche zwischen den Verlagsarten angestellt und mögliche Zusammenhänge zwischen den Eingangsvariablen aufgezeigt.

Häufigkeitsverteilung nach Verlagsart

Die antwortenden Verlage waren aufgefordert, den Schwerpunkt ihrer verlegerischen Tätigkeit zu benennen. Verlage, die sowohl Bücher als auch Zeitschriften oder Zeitungen verlegen, mussten demnach ihr primäres Geschäftsfeld angeben. Da als Zielgruppe der Befragung ex ante Buch-, Zeitschriften- und Zeitungsverlage festgelegt wurden, schieden sonstige Verlage (z. B. Kalenderverlage, Grußkartenverlage, CD-ROM-Verlage) von vornherein für eine Befragungsteilnahme aus.

Das Sample wird mit 130 antwortenden Buchverlagen (42%) von diesem Verlagstyp dominiert, gefolgt von den Zeitschriftenverlagen (39%). Deutlich weniger vertreten sind die Zeitungsverlage (19%).

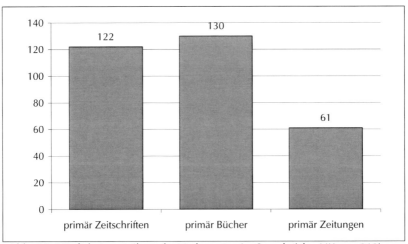

Abb. 4.1: Häufigkeitsverteilung der Verlagsarten im Sample (abs. HK, n = 313)

Damit entspricht die Häufigkeitsverteilung der Verlagstypen im Sample allerdings nicht der reellen Häufigkeitsverteilung in der Verlagswirtschaft.[2] Die Buchverlage sind im Studiensample überrepräsentiert, während die Zeitungsverlage unterrepräsentiert sind. Da die Studie jedoch keinen Anspruch auf Repräsentativität erhebt, sondern in der nachfolgenden statistischen

---

[2] Da eine aktuelle Gesamtstatistik der Verlagsbranche in Deutschland differenziert nach Ausrichtung der Verlage leider nicht vorliegt, basiert diese Einschätzung auf den statistischen Angaben des Börsenvereins des Deutschen Buchhandels sowie der durch die Schober Firmenadressen DVD 2009 erfassten Verlage.

Auswertung primär nach unterschiedlichen Unternehmenstypen der IT-Nutzung (z. B. nach Verlagsart, Management, Selbstverständnis) differenziert wird, wirkt sich dies nicht auf die Studienergebnisse aus.

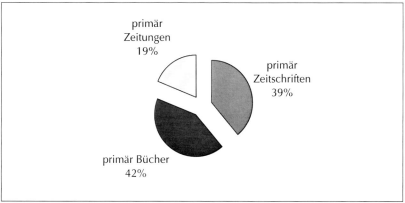

Abb. 4.2: Häufigkeitsverteilung der Verlagsarten im Sample (rel. HK, n = 313)

Größenklassen der Verlage gesamt

Um das Ausmaß und die Komplexität der verlegerischen Tätigkeit der Verlage beurteilen zu können, wurden diese nach der Anzahl der in ihrem primären Geschäftsfeld lieferbaren Titel sowie nach der Anzahl ihrer Mitarbeiter umgerechnet in Vollzeitstellen gefragt. Die Antwort zur Mitarbeiterzahl erfolgte jeweils als Zuordnung zu einer der folgenden fünf Größenklassen. Da sich die Organisation und Prozesse von Unternehmen nicht linear in Abhängigkeit von der Mitarbeiterzahl ändern, sondern eher ein progressiver Zusammenhang angenommen werden kann, erfolgte die Einteilung der Größenklassen so, dass Äquidistanz zwischen diesen im Sinne der Unternehmensentwicklung gegeben ist.

1 = < 11 Mitarbeiter

2 = 11 - 50 Mitarbeiter

3 = 51 - 200 Mitarbeiter

4 = 201 - 500 Mitarbeiter

5 = > 500 Mitarbeiter

Insgesamt wird das Sample von eher kleineren Verlagen mit bis zu 50 Mitarbeitern dominiert. Lediglich 27 Verlage können als große Mittelständler mit über 500 Mitarbeitern klassifiziert werden. Dies ist dem hohen Anteil an Buchverlagen im Sample geschuldet, da diese tendenziell eher weniger Mitarbeiter beschäftigen. Hohe Mitarbeiterzahlen sind aufgrund der verlagstypischen Prozesse eher charakteristisch für Zeitschriften- und Zeitungsverlage (vgl. dazu auch weiter unten).

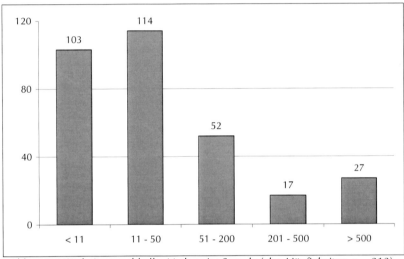

Abb. 4.3: Mitarbeiteranzahl aller Verlage im Sample (abs. Häufigkeiten, n = 313)

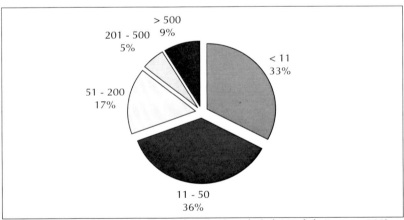

Abb. 4.4: Mitarbeiteranzahl aller Verlage im Sample (rel. Häufigkeiten, n = 313)

Die Zusammensetzung des Samples wird somit dem Erkenntnisinteresse der vorliegenden Studie nach dem IT-Einsatz in kleinen und mittleren Verlagen gerecht. Überdies kann die Dominanz der kleinen Verlage innerhalb des Samples als Indiz für deren gesteigertes Interesse am Thema IT-Einsatz gewertet werden.

Größe und Komplexität der primär auf Buchpublikationen ausgerichteten Verlage

Größe nach Mitarbeiterzahl: Bezogen auf die Mitarbeiterzahl sind die im Sample vertretenen Buchverlage erwartungsgemäß eher klein. Bei einem Mittelwert von 1,7 handelt es sich im Durchschnitt um Unternehmen mit bis zu 50 Mitarbeitern. Dass die Beschäftigtenzahl in Buchverlagen eher gering ausfällt, entspricht aufgrund der verlagsspezifischen Aufbau- und Ablauforganisation (vgl. dazu Kap. 2.1) den Erwartungen.

Komplexität nach Zahl der Titel: Zur Klassifizierung ihrer Größe anhand der lieferbaren Titel konnten die Verlage eine der folgenden fünf Größenklassen wählen. Auch hier sind die Größenklassen so gewählt worden, dass zwischen ihnen Äquidistanz im Sinne logischer Komplexitätsstufen besteht.

1 = bis 50 Titel

2 = bis 100 Titel

3 = bis 500 Titel

4 = bis 1000 Titel

5 = über 1000 Titel

Die Auswertung zeigt, dass das Sample durch Verlage mit einem mittelgroßen Verlagsprogramm von 500 oder mehr Titeln dominiert wird. Nur wenige Verlage im Sample haben weniger als 50 Titel oder mehr als 1000 Titel im Programm. Dies überrascht jedoch nicht, da selbst kleine Verlage bedingt durch die heutzutage schnelle Veralterung insbesondere von Sach- und Fachbüchern und der zunehmenden Verbreitung von Print-on-Demand breitere Verlagsprogramme aufweisen als noch vor zehn Jahren. Lediglich Verlage, die primär (klassische) Belletristik führen, werden daher wenige Titel im Programm haben. Ähnliches trifft auf Verlege mit unregelmäßiger Publikationstätigkeit zu.

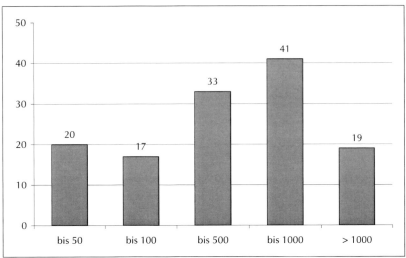

Abb. 4.5: Titel in den befragten Buchverlagen (abs. Häufigkeiten, n = 130)

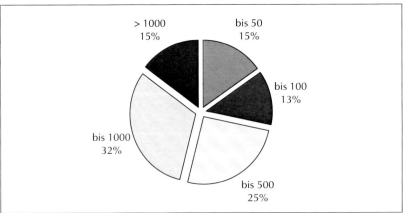

Abb. 4.6: Titel in den befragten Buchverlagen (rel. Häufigkeiten, n = 130)

Die Komplexität in den Buchverlagen kann trotz des im Durchschnitt mittelgroßen Programms als eher niedrig eingestuft werden, da die Content-Erstellung außerhalb des Verlags erfolgt.

Größe und Komplexität der primär auf Zeitungen ausgerichteten Verlage

Größe nach Mitarbeiterzahl: Die Zeitungsverlage innerhalb des Samples können anhand ihrer durchschnittlichen Mitarbeiterzahl von 51 bis 200 Beschäftigten (entspricht einem Mittelwert von 3,0) als mittelgroße Unternehmen klassifiziert werden. Dass die Zeitungsverlage deutlich mehr Personal im Vergleich zu den Buchverlagen beschäftigen, entspricht den Erwartungen aufgrund der verlagsspezifischen Organisation und Prozesse.

Komplexität nach Zahl der Titel: Zur Klassifizierung ihrer Größe anhand der lieferbaren Zeitungstitel konnten die Verlage eine der folgenden fünf Größenklassen wählen, die äquidistant im Sinne logischer Komplexitätsstufen sind.

1 = 1 Titel

2 = 2 Titel

3 = 3 - 5 Titel

4 = 6 - 10 Titel

5 = über 10 Titel

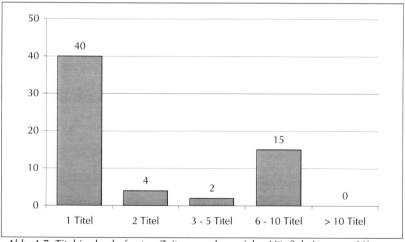

Abb. 4.7: Titel in den befragten Zeitungsverlagen (abs. Häufigkeiten, n = 61)

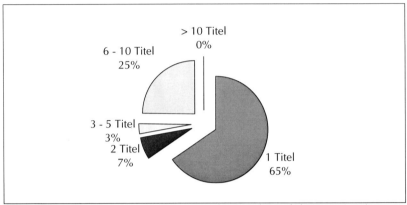

Abb. 4.8: Titel in den befragten Zeitungsverlagen (rel. Häufigkeiten, n = 61)

Erwartungsgemäß wird das Sample deutlich von Verlagen bestimmt, die nur einen einzigen Titel verlegen (65%), da Zeitungen im Regelfall täglich oder zumindest wöchentlich erscheinen. Nur wenige Verlage haben mehrere Titel im Programm. Mehr als 10 Zeitungen werden von keinem der antwortenden Unternehmen verlegt. Im Vergleich zu den Buchverlagen weisen Zeitungsverlage somit eine deutlich höhere Komplexität auf, die sich vermutlich auch in IT-Integration und -Einsatz widerspiegelt.

Größe und Komplexität der primär auf Zeitschriften ausgerichteten Verlage

Größe nach Mitarbeiterzahl: Die Zeitschriftenverlage im Sample weisen im Vergleich zu den Zeitungsverlagen im Mittel etwas geringere Mitarbeiterzahlen auf. Auch diese Verlage beschäftigen mit durchschnittlich 50 - 200 Mitarbeitern (Mittelwert 2,4) erwartungsgemäß deutlich mehr Personal als Buchverlage.

Komplexität nach Zahl der Titel: Zur Klassifizierung ihrer Größe anhand der lieferbaren Zeitschriftentitel konnten die Verlage eine der folgenden fünf, im Sinne logischer Komplexitätsstufen äquidistanten Größenklassen wählen:

1 = 1 Titel

2 = 2 Titel

3 = 3 - 4 Titel

4 = 5 - 10 Titel

5 = über 10 Titel

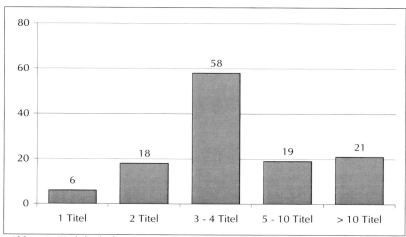

Abb. 4.9: Titel der befragten Zeitschriftenverlage (abs. Häufigkeiten, n = 122)

Im Gegensatz zu den Zeitungsverlagen haben die Zeitschriftenverlage größtenteils mehrere Titel im Programm (Mittelwert = 3,3). Am häufigsten werden 3 – 4 Zeitschriften verlegt (47 %), lediglich 5 % haben nur eine einzige Zeitschrift im Programm. Auch dies entspricht den Erwartungen, da Zeitschriften zumeist in wesentlich niedriger Frequenz als Zeitungen erscheinen und zudem oftmals einen Themenschwerpunkt aufweisen. Mehrere Titel zu führen, macht für einen Verlag daher ökonomisch Sinn (Diversifikation).

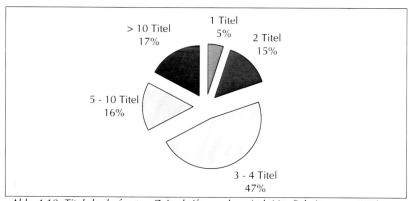

Abb. 4.10: Titel der befragten Zeitschriftenverlage (rel. Häufigkeiten, n = 122)

Alter der Geschäftsführung

Ebenfalls wurde nach dem durchschnittlichen Alter der Geschäftsführung, d. h. aller Mitglieder der Geschäftsführung des Verlags, gefragt. Als Antwortmöglichkeit standen die folgenden fünf Altersgruppen zur Verfügung:

1 = < 20 Jahre (nicht erhoben)

2 = 20 - 30 Jahre

3 = 30 - 40 Jahre

4 = 40 - 50 Jahre

5 = 50 - 60 Jahre

6 = 60 - 70 Jahre

Mit einem Mittelwert von 4,2 liegt das durchschnittliche Alter der Geschäftsführungen im Sample bei 50 Jahren und mehr. Es wird damit deutlich von Geschäftsführungen im Alter zwischen 40 und 60 Jahren (71 %) dominiert, wie auch die nebenstehenden Abbildungen zeigen.

Da die Geschäftsführung eines Verlags neben der allgemein kaufmännischen und branchenspezifischen Qualifikation (erworben durch Ausbildung oder Studium) auch beruflicher Erfahrungen bedarf, entspricht das mittlere bis hohe Alter der Geschäftsführungen den Erwartungen.

Sehr junge Geschäftsführungen werden sich tendenziell vermutlich eher in jungen, inhabergeführten Unternehmen (Start-ups) finden lassen. Um eher kleine und inhabergeführte Verlage handelt es sich vermutlich auch bei den 8% der Geschäftsführungen auf einem sehr hohen Altersniveau. (vgl. dazu weiter unten).

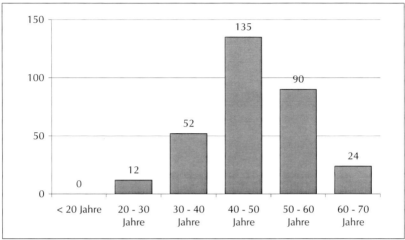

Abb. 4.11: Alter der Geschäftsführungen aller Verlage (abs. Häufigkeiten, n = 313)

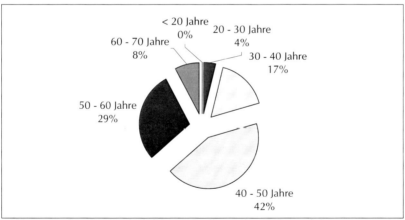

Abb. 4.12: Alter der Geschäftsführungen aller Verlage (rel. Häufigkeiten, n= 313)

Form des Managements

Zur weiteren Charakterisierung des Samples wurden die Verlage nach der Form ihres Managements gefragt. Zur Auswahl standen...

1 = inhabergeführt

2 = Fremdmanagement

42 Kapitel 4.2 – Die befragten Verlage

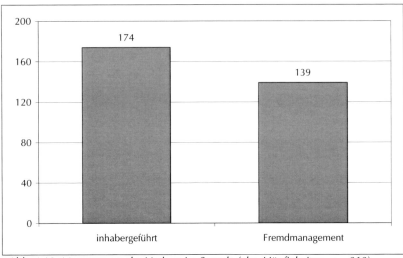

Abb. 4.13: Management der Verlage im Sample (abs. Häufigkeiten, n = 313)

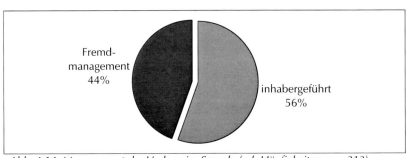

Abb. 4.14: Management der Verlage im Sample (rel. Häufigkeiten, n = 313)

Dabei zeigt sich, dass die inhabergeführten Verlage im Sample (56 %) diejenigen mit einem Fremdmanagement (44 %) leicht überwiegen. Dies entspricht allerdings aufgrund der Größenstruktur der Verlage im Sample auch den Erwartungen: Während kleinere Unternehmen auch bedingt durch ihre Rechtsform häufiger inhabergeführt sind, weisen größere Unternehmen tendenziell eher ein Fremdmanagement auf. Inwiefern zwischen der Managementform und Verlagsgröße Zusammenhänge bestehen, soll weiter unten überprüft werden.

Selbstverständnis des Verlages

Außerdem wurde die dichotome Eingangsvariable „Selbstverständnis des Verlages" abgefragt, die Aufschluss über die Unternehmenskultur geben soll. Die Befragten konnten ihren Verlag einer der folgenden beiden Aussagen zuordnen:

1 = Wir verstehen uns eher als traditionell arbeitender Verlag.
2 = Wir verstehen uns eher als multimedialer Informationsanbieter.

Wie die nebenstehenden Abbildungen verdeutlichen, dominieren im Sample die Verlage mit einem eher traditionellen Selbstverständnis (61%). Gleichwohl versteht sich bereits jeder zweite kleine oder mittlere Verlag (39%) als multimedialer Informationsanbieter.

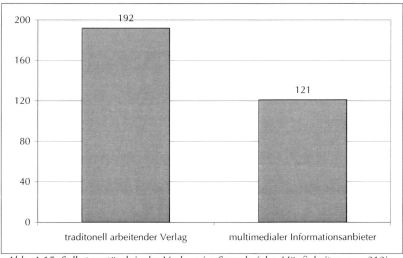

Abb. 4.15: Selbstverständnis der Verlage im Sample (abs. Häufigkeiten, n = 313)

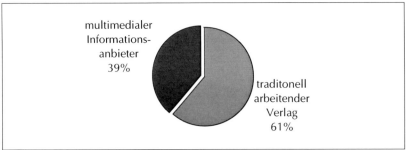

Abb. 4.16: Selbstverständnis der Verlage im Sample (rel. Häufigkeiten, n = 313)

Dies korrespondiert mit den Erkenntnissen aus der Literaturanalyse und den Experteninterviews zum Selbstverständnis der Verlage und lässt erste Schlüsse zur IT-Einstellung der Verlage im Sample zu: Etwa zwei Drittel der Verlage im Sample werden dem IT-Einsatz vermutlich weniger positiv gegenüberstehen. Dies soll weiter unten überprüft werden.

Einstellung der Verlage zur IT

Als eine der zentralen Eingangsvariablen der Studie wurden die Verlage nach ihrer grundsätzlichen Einstellung zum Einsatz von Informationstechnologien befragt. Die Befragten konnten dazu ein Rating auf einer Intervallskala von 1 bis 5 abgeben. Die Ratingstufen wurden dabei zum besseren Verständnis wie folgt verbalisiert:

1 = Ich lehne IT-Einsatz grundsätzlich ab. Kein Interesse, nur wenn ein Gesetz mich zwingt.

2 = Ich vermeide IT, wo es geht. Es geht besser mit der Hand.

3 = Ich setze nur die notwendige IT ein. Das muss reichen.

4 = Ich setze IT auch dort ein, wo es sinnvoll erscheint.

5 = Ich setze immer IT ein, wo es geht und möchte auch gerne auf dem neuesten Stand sein.

Die Auswertung der Antworten ergibt einen Mittelwert von 4,1. Das entspricht einer insgesamt eher positiven Grundeinstellung aller Verlage im Sample zur IT. Lediglich 5,2% lehnen IT eher ab oder vermeiden ihren Einsatz, wenn möglich.

Über ein Drittel der Verlage (34,8%) möchte den Befragungsergebnissen zur Folge sogar stets auf dem neuesten Stand der Technik sein. Hierbei handelt es sich vermutlich hauptsächlich um Verlage mit einem modernen Selbstverständnis, was weiter unten noch zu prüfen sein wird.

Weiterhin lässt dieses Ergebnis aber auch die Vermutung zu, dass hier ein starkes Overreporting vorliegt. Die vermeintliche durch die Antwortenden empfundene soziale bzw. brancheninterne Erwünschtheit des IT-Einsatzes könnte zu diesem sehr positiven Ergebnis beigetragen haben. Denn insbesondere unter Berücksichtigung der eher durchschnittlichen IT-Kenntnisse (s. u.) verwundert dieser hohe Wert und wirft Zweifel auf.

Einstellung der Verlage zur IT	abs. HK	rel. HK
1 = Ich lehne IT-Einsatz grundsätzlich ab. Kein Interesse, nur wenn ein Gesetz mich zwingt.	3	1,0 %
2 = Ich vermeide IT, wo es geht. Es geht besser mit der Hand.	13	4,2 %
3 = Ich setze nur die notwendige IT ein. Das muss reichen.	49	15,7 %
4 = Ich setze IT auch dort ein, wo es sinnvoll erscheint.	139	44,4 %
5 = Ich setze immer IT ein, wo es geht und möchte auch gerne auf dem neuesten Stand sein.	109	34,8 %

Tab. 4.3: Einstellung der Verlage im Sample zur IT (abs. und rel. HK, n =313)

IT-Kenntnisse in den Verlagen

Abschließend wurde zur Charakterisierung des Samples nach den IT-Kenntnissen des Antwortenden bzw. der Verlagsgeschäftsführung gefragt. Diese Eingangsvariable soll dabei helfen, die Einstellung, das Urteilsvermögen und den IT-Einsatz in den Verlagen besser beurteilen zu können und mögliche (Inter-)Dependenzen aufzudecken. Die Befragten waren wieder dazu aufgefordert ein Rating auf einer Intervallskala von 1 bis 5 abzugeben. Zum besseren Verständnis wurden die Ratingstufen wie folgt verbalisiert:

1 = Überhaupt keine IT-Kenntnisse.

2 = Nur Grundkenntnisse für das Allernötigste.

3 = Ich bin geübter Nutzer der IT.

4 = Ich habe schon gute – auch erste administrative – Kenntnisse aufgrund eigenen Interesses an IT.

5 = Ich besitze ohnehin eine professionelle Ausbildung in IT.

Die Antworten der Verlage zeigen, dass nur jeder Fünfte gute IT-Kenntnisse und kaum einer professionelle Kenntnisse (0,6%) besitzt. Im Mittel (Mittelwert = 2,8) dominieren in den Verlagen Grund- bis geübte Kenntnisse. Zieht man auch hier ein Overreporting der Antwortenden in Betracht, fällt die Qualität der IT-Kenntnisse noch einmal niedriger aus. Mit den eher geringen IT-Kenntnissen in den Verlagen geht zudem vermutlich auch ein mangelndes Urteilsvermögen in Bezug auf IT, ihre Einsatzmöglichkeiten und ihren Nutzen einher. Mit der oben dargelegten positiven Einstellung der Verlage gegenüber dem Einsatz von Informationstechnologie versuchen diese unter Umständen also nur einer vermeintlichen sozialen Erwünschtheit zu entsprechen. Es bleibt daher zu prüfen, inwiefern Zusammenhänge zwischen Einstellung, Kenntnissen und tatsächlichem IT-Einsatz IT bestehen.

IT-Kenntnisse des Antwortenden/der Geschäftsführung	abs. HK	rel. HK
1 = Überhaupt keine IT-Kenntnisse.	33	10,5%
2 = Nur Grundkenntnisse für das Allernötigste.	69	22,0%
3 = Ich bin geübter Nutzer der IT.	145	46,3%
4 = Ich habe schon gute – auch erste administrative – Kenntnisse aufgrund eigenen Interesses an IT.	64	20,4%
5 = Ich besitze ohnehin eine professionelle Ausbildung in IT.	2	0,6%

Tab. 4.4: IT-Kenntnisse der Befragten (abs. und rel. Häufigkeiten, n = 313)

Vergleiche zwischen den Verlagsarten

Die Ergebnisse können jenseits der o. g. Größenvergleiche weiter nach der Mitarbeiterzahl, dem Alter, der IT-Einstellung und der IT-Kenntnisse der Geschäftsführung differenziert werden. Hierzu werden die Mittelwerte der jeweiligen Teilgruppen zu den genannten Variablen herangezogen. Die folgende Tabelle legt den Vergleich dar:

	Mittelwert primär Buch	Mittelwert primär Zeitung	Mittelwert primär Zeitschriften
Mitarbeiter	1,7	3,0	2,4
Alter	4,4	4,3	3,9
IT- Einstellung	3,9	4,1	4,3
IT- Kenntnisse	2,7	2,5	3,0
N der Teilgruppe	130	61	122

Tab. 4.5: Vergleich der Teilgruppen entlang der Mittelwerte zu Mitarbeiterzahl, Alter, IT-Einstellungen und IT-Kenntnisse, differenziert nach primärer Verlagsart (Zuordnung der Mittelwerte zu den Inhalten der Rating-Stufen s. o.)

Es wird offensichtlich, dass Verlage, die primär Zeitungen publizieren, signifikant mehr Mitarbeiter besitzen, als die primär im Buchbereich arbeitenden Verlage wie auch die von Zeitschriften geprägten Verlage. Dies wurde bereits oben durch die verlagsspezifischen Aufbau- und Ablauforganisationen begründet. Von Buchpublikationen geprägte Verlage sind eher kleiner (tendenziell im Bereich von 11 bis 30 Mitarbeitern), besitzen aber im Mittel eine wenig ältere Geschäftführung als die beiden anderweitig geprägten Verlage (tendenziell über 50 Lebensjahre).

Die Unterschiede sind allerdings gering (insbesondere im Vergleich mit den Zeitungsverlagen), bei einem insgesamt erstaunlich hohen Niveau (50 bis 60 Jahre). Eine mögliche Erklärung für diese – wenn auch geringen – Altersunterschiede könnte in den unterschiedlichen Anforderungen an die Geschäftsführungen von Buch-, Zeitungs- und Zeitschriftenverlagen liegen. Bücher und (Tages-)Zeitung stellen eher Produkte dar, die mit strategischem Weitblick und Erfahrung im Markt positioniert werden müssen. Zeitschriften hingegen sind wesentlich stärker den Markttrends unterworfen, weshalb die Geschäftsführung in diesen Verlagen innovativer sein muss und daher unter Umständen geringfügig jünger ist.

Ebenso auf hohem Niveau ist das Eigenrating zur Einstellung der Geschäftsführung zur IT (etwa auf dem Niveau „Ich setze IT auch dort ein, wo es sinnvoll erscheint"). Die Unterschiede zwischen den jeweiligen Verlagsarten sind aber gering, wobei die von Buchpublikationen geprägten Verlage etwas niedriger liegen. Allerdings sind die Differenzen nicht groß genug, um eine Abhängigkeit der IT-Einstellung von der Verlagsausrichtung anzunehmen.

Größer, aber auch noch sehr gering, sind auch die Unterschiede zu den IT-Kenntnissen der Geschäftsführung (Eigenrating) der Verlagsarten, die sich zwischen „nur Grundkenntnissen" und „geübte Nutzer in der IT" bewegen. Nicht erstaunlich ist hier der geringere Wert bei den Geschäftsführungen der eher mit Zeitungen befassten Verlage. Denn diese sind tendenziell größer und komplexer, so dass die Geschäftsführung von IT-Fragen eher entbunden ist, als in den eher kleineren Verlagen mit Schwerpunkt Buch und Zeitschrift. Die Zeitungsverlage weisen so vermutlich auch eine größere IT-Durchdringung auf, die durch interne oder externe Experten verantwortet wird. Dies soll weiter unten noch thematisiert werden.

Darüber hinaus legen zwei kreuztabellarische Vergleiche Abhängigkeiten von Verlagsart und Selbstverständnis des Verlages sowie Management offen:

	primär Buch	primär Zeitung	primär Zeitschrift	Summe Häufigkeiten
inhaber-	96	49	29	174 Häufigkeit
geführt	72,3	33,9	67,8	erwartete HK
Fremd-	34	12	93	139 Häufigkeit
management	57,7	27,1	54,2	erwartete HK
Summe Häufigkeiten	130	61	122	313

Tab. 4.6: Kreuztabellarischer Vergleich der Form des Managements und der primären Ausrichtung des Verlages

- Management des Verlages: Es wird hier offensichtlich, dass sich unter den Verlagen, die primär von Buchpublikationen geprägt sind, überproportional mehr inhabergeführte Unternehmen und entsprechend unterproportional fremd geführte Unternehmen finden. Auch Zeitungsverlage zeigen diese Erscheinung – was überraschend ist, denn diese Betriebe sind im Sample eher größer und dürften daher tendenziell eher fremd geführt sein. Nur bei den Zeitschriftenverlagen ist das Bild umgekehrt, was wiederum nicht besonders überrascht, wohl aber in der Eindeutigkeit, denn auch in dieser Gruppe sind viele eher kleine Unternehmen zu finden. Eine mögliche Erklärung dafür könnte sein, dass es sich bei den primär auf Zeitschriften ausgerichteten Verlagen häufiger um Konzernunternehmen handelt als bei den anderen.

Der Chi-Quadrat-Test ergab ein $\chi^2 = 82,7$. Bei 2 Freiheitsgraden und einem kritischen Wert (Quantil bei einem Signifikanzniveau von 5%) von $\chi^2_k = 5,99$ muss davon ausgegangen werden, dass eine Interdependenz zwischen den Variablen besteht. Wie die inhaltliche Interpretation schon zeigt, kann trotz der ermittelten signifikanten Interdependenz der Variablen miteinander keine erklärbare Wirkungstendenz ermittelt werden.

	primär Buch	primär Zeitung	primär Zeitschrift	Summe Häufigkeiten
traditioneller	89	42	61	192 Häufigkeit
Verlag	79,7	37,4	74,8	erwartete HK
multimedialer	41	19	61	121 Häufigkeit
Informationsanbieter	50,3	23,6	47,2	erwartete HK
Summe Häufigkeiten	130	61	122	313

Tab. 4.7: Kreuztabellarischer Vergleich des Selbstverständnisses des Verlages und der primären Ausrichtung des Verlages

- Selbstverständnis des Verlages: Auch hier wird deutlich, dass von Buchpublikationen geprägte Verlage sich überproportional mehr als traditionelle Verlage verstehen, aber nicht in der Eindeutigkeit, wie es zuvor bei dem Kriterium Management (s. o.) der Fall war. Diese Eindeutigkeit fehlt auch bei den von Zeitungen dominierten Verlagen, wo auch eine leicht überproportionale Zahl von traditionellen Verlagen zu erkennen ist – vermutlich der zum Teil langen Historie einiger Zeitungen geschuldet. Die von Zeitschriften geprägten Verlage hingegen verstehen sich überproportional häufiger als multimediale Informationsanbieter, was auch in Anbetracht der häufig vielfältigen online und mobilen Content-Angebote dieser Verlage wenig überrascht.

So ist der Chi-Quadrat-Test auch nicht so eindeutig, wie zuvor bei dem Vergleich mit der Variable „Management des Verlages". Er ergab ein χ^2 = 10,8. Bei 2 Freiheitsgraden und einem kritischen Wert (Quantil bei einem Signifikanzniveau von 5%) von χ^2_k = 5,99, kann dennoch davon ausgegangen werden, dass eine Interdependenz zwischen den Variablen besteht.

Einflüsse auf die IT-Einstellung

Neben den später analysierten Größen IT-Integration und IT-Einsatz stellt die „Einstellung der Geschäftsführung zur IT" eine wesentliche Eigenschaft der Verlage für zukünftige IT-Strategien und -entwicklungen dar.

Zudem ist zu erwarten, dass gerade diese Größe von anderen erhobenen Variablen (den Eigengangsvariablen) abhängig (dependent) ist – während alle anderen Variablen zur Beschreibung der Unternehmen eher nur interdependent sein können und dabei eine einseitige Beeinflussung sachlogisch nicht zu begründen ist (s. o.). Im Prinzip kann die IT-Einstellung mit folgenden Variablen korrelieren:

- IT-Kenntnisse der Geschäftsführung
- Größe des Verlages
- Selbstverständnis des Verlages
- Management des Verlages
- Alter der Geschäftsführung

Ein möglicher Zusammenhang der IT-Einstellung mit der Verlagsausrichtung wurde bereits oben analysiert. Es konnte aber kein signifikanter Einfluss festgestellt werden.

Rating IT-Kenntnisse	Rating IT-Einstellung					Summe	Häufigkeiten
	1	2	3	4	5		
1	3	5	15	10	0	33	abs. HK
	0,3	1,4	5,2	14,7	11,5		erwartete HK
2	0	8	8	53	0	69	abs. HK
	0,7	2,9	10,89	30,69	24,0		erwartete HK
3	0	0	14	48	83	145	abs. HK
	1,4	6,0	22,7	64,4	50,5		erwartete HK
4	0	0	12	28	24	64	abs. HK
	0,6	2,7	10,0	28,4	22,3		erwartete HK
5	0	0	0	0	2	2	abs. HK
	0,0	0,1	0,3	0,9	0,7		erwartete HK
Summe	3	13	49	139	109	313	

Tab. 4.8: Kreuztabellarischer Vergleich der IT-Einstellung mit den IT-Kenntnissen (zur Verbalisierung der Ratingstufen s. o.)

Ein positiver Zusammenhang zwischen IT-Kenntnissen der Geschäftsführung und der IT-Einstellung liegt bei erster Näherung nahe. Der Korrelationskoeffizient der beiden Variablen (nach Spearman) beträgt 0,41 bei einer einseitigen Signifikanz faktisch 0, also ein nicht eindeutiges Bild. Die nachfolgende Kreuztabelle zeigt allerdings deutlich, das mit steigender IT-Kenntnis auch die IT-Einstellung positiver ausfällt – so, wie erwartet. Vermutlich liegt kein monotoner Zusammenhang der beiden Variablen vor, was der Spearman-Test voraussetzt. Der χ^2-Wert bestätigt dies mit χ^2 = 156,4. Denn bei 16 Freiheitsgraden und einem kritischen Wert (Quantil bei einem Signifikanzniveau von 5%) von χ^2_k = 26,30 kann davon ausgegangen werden, dass eine Interdependenz zwischen den Variablen besteht. In diesem Falle wohl eher eine Dependenz der IT-Einstellung vom IT-Kenntnisstand.

Wie zuvor, liegt auch bei der Verbindung von IT-Einstellung und Verlagsgröße ein positiver Zusammenhang bei erster Näherung nahe. Der Korrelationskoeffizient der beiden Variablen (nach Spearman) beträgt hier 0,21 bei einer einseitigen Signifikanz faktisch 0, also ist eine Korrelation nicht anzunehmen. Auch hier ist wohl keine Monotonie des Zusammenhangs vorhanden, wie unten ersichtlich wird.

Die nebenstehende Kreuztabelle zeigt allerdings ebenso deutlich, dass mit steigender Mitarbeiterzahl auch die IT-Einstellung überproportional positiver ist – so, wie erwartet. Der χ^2-Wert bestätigt dies ebenso mit χ^2 = 85,1. Denn bei 16 Freiheitsgraden und einem kritischen Wert (Quantil bei einem Signifikanzniveau von 5%) von χ^2_k = 26,30 kann davon ausgegangen werden, dass eine Interdependenz zwischen den Variablen besteht. In diesem Falle wohl eher eine Dependenz der IT-Einstellung von der Verlagsgröße.

Rating IT-Einstellung	Stufen Größe/Mitarbeiterzahl					Summe	Häufigkeiten
	1	2	3	4	5		
1	3	0	0	0	0	3	abs. HK
	1,0	1,1	0,5	0,2	0,3		erwartete HK
2	13	0	0	0	0	13	abs. HK
	4,3	4,73	2,16	0,71	1,12		erwartete HK
3	22	24	3	0	0	49	abs. HK
	16,1	17,9	8,1	2,7	4,2		erwartete HK
4	42	33	28	15	21	139	abs. HK
	45,8	50,6	23,1	7,6	12,0		erwartete HK
5	23	57	21	2	6	109	abs. HK
	35,9	39,7	18,1	5,9	9,4		erwartete HK
Summe	103	114	52	17	27	313	

Tab. 4.9: Kreuztabellarischer Vergleich der Verlagsgröße mit der IT-Einstellung (zur Verbalisierung der Ratingstufen und den Mitarbeiterzahlen je Gruppe s. o.)

Es stellt sich nun die Frage, ob auch die beiden dichotomen Variablen „Management" und „Selbstverständnis" einen Einfluss auf die IT-Einstellung zeigen. Rein sachlogisch lässt sich dies vermuten: Inhaber dürften eher etwas zurückhaltender als Fremdmanager sein, da ihnen wahrscheinlich andere Unternehmensstärken mehr am Herzen liegen. Zudem sind die inhabergeführten Verlage eher traditionell geprägt (s. u.), und es ist zudem zu erwarten, dass Verlage mit traditionellem Selbstverständnis eher IT-skeptisch denn IT-affin sind.

Die Gegenüberstellung der Mittelwerte zur IT-Einstellung, differenziert nach den Ausprägungen der jeweiligen Variablen zeigt sichtbare Unterschiede:

Variable	Ausprägung	N	Mittelwert	Standardabw.
alle		313	4,1	0,87
Management	inhabergeführt	130	3,7	1,02
	Fremdmanagement	44	4,6	0,50
Selbstverständnis	traditionell	62	4,0	0,61
	multimedialer Info.	77	4,5	0,58

Tab. 4.10: Vergleich der IT-Einstellung differenziert nach Management und Selbstverständnis der Verlage (abs. HK, Mittelwert und Standardabweichung)

Der Mittelwert für Verlage mit Fremdmanagement liegt signifikant höher als der der inhabergeführten Verlage, wie auch der Mittelwert der Verlage mit dem Selbstverständnis als multimedialer Informationsanbieter sichtbar höher liegt, als der der traditionellen Verlage.

Rating IT-Einstellung	Altersgruppe					Summe	Häufigkeiten
	1	2	3	4	5		
1	0	0,0	0,00	0	3	3	abs. HK
	0,1	0,5	1,3	0,9	0,2		erwartete HK
2	6	0	0	2	5	13	abs. HK
	0,5	2,2	5,6	3,7	1,0		erwartete HK
3	2	24	20	0	3	49	abs. HK
	1,9	8,1	21,1	14,1	3,8		erwartete HK
4	4	20	51	64	0	139	abs. HK
	5,3	23,1	60,0	40,0	10,7		erwartete HK
5	0	8	64	24	13	109	abs. HK
	4,2	18,1	47,0	31,3	8,4		erwartete HK
Summe	12	52	135	90	24	313	

Tab. 4.11: Kreuztabellarischer Vergleich des Alters der Geschäftsführung mit der IT-Einstellung (zur Verbalisierung der Ratingstufen und zu den Jahr-Angaben der Altersgruppen s. o.)

Abschließend ist noch zu prüfen, ob das Alter der Geschäftsführung einen Einfluss auf die IT-Einstellung besitzt. Dies ist zu erwarten, da in vielen Studien anderer Fachgebiete immer wieder festgestellt wird, dass jüngere Menschen eher IT-affin sind denn ältere. Der Korrelationskoeffizient der beiden Variablen (nach Spearman) beträgt hier 0,19 bei einer einseitigen Signifikanz faktisch 0, also ist eine Korrelation nicht anzunehmen. Wie auch weiter oben kann dies jedoch auf die fehlende Monotonie des Zusammenhangs zurückzuführen sein.

Die nebenstehende Kreuztabelle zeigt allerdings auch keine eindeutige Entwicklung. Vielmehr deuten die Werte darauf hin, dass nicht grundsätzlich die jüngeren Geschäftsführer positiver auf IT gestimmt sind, sondern eher diejenigen, die in der Mitte des Lebens stehen, während die jüngeren eher zurückhaltender sind, noch deutlicher die sehr alten Geschäftsführungen. Wiederum zeigt der χ^2-Wert eine starke Abhängigkeit ($\chi^2 = 214{,}2$). Bei 16 Freiheitsgraden und einem kritischen Wert (Quantil bei einem Signifikanzniveau von 5%) von $\chi^2_k = 26{,}30$ muss davon ausgegangen werden, dass eine Interdependenz zwischen den Variablen besteht. Eine Erklärung mag darin bestehen, dass der Wirkungszusammenhang sich so nicht alleine ergibt, sondern über den bereits oben festgestellten Zusammenhang von

Unternehmensgröße/Mitarbeiterzahl und Alter der Geschäftsführung. In sofern kann ein stringenter Zusammenhang hier nicht angenommen werden.

Wir fassen also zusammen: IT-Kenntnisstand, Verlagsgröße, Fremdmanagement, modernes Selbstverständnis lassen die Einstellung der Geschäftsführung zur IT eher positiver werden. Dagegen ist ein direkter Zusammenhang von Alter der Geschäftsführung und IT-Einstellung hier nicht nachweisbar.

Statt dessen aber kann festgehalten werden, dass größere Verlage tendenziell mehr Geschäftsführungen zwischen 40 und 60 Jahren aufweisen, die auch – aus den Zwängen größerer Unternehmen heraus – der IT offener gegenüber stehen müssen, als die Geschäftsführungen kleiner Verlage, die dabei allerdings auch tendenziell jüngere (oder zum Teil sehr alte) Geschäftsführungen aufweisen.

Weitere Zusammenhänge

Jenseits der oben untersuchen Zusammenhänge zwischen den Eingangsvariablen blieben noch weitere, denkbare Interdependenzen zu untersuchen. Allerdings sind diese für die weiteren Analysen nur begleitend von Bedeutung. Daher sollen unter Verzicht auf die Darlegung statistischer Daten nur die Ergebnisse erläutert werden.

Es verbleiben folgende mögliche Zusammenhänge:

	Alter GF	Selbstverständnis	Management	IT-Einstellung	IT-Kenntnisse	Mitarbeiterzahl/Größe	Verlagsausrichtung
Alter GF							
Selbstverständnis	X						
Management	X	X					
IT-Einstellung	s. o.	s. o.	s. o.				
IT-Kenntnisse	X	X	X	s. o.			
Mitarbeiterzahl/Größe	X	X	X	s. o.			
Verlagsausrichtung	s. o.	s. o.	s. o.	s. o.	s. o.		

Tab. 4.12: Übersicht über denkbare bivariate Zusammenhänge der Eingangsvariablen, X = wird im Folgenden dargelegt

Zu den verbleibenden Zusammenhängen kann folgendes konstatiert werden:

- Management und Selbstverständnis: Inhabergeführte Verlage zeigen überproportional mehr traditionelles Selbstverständnis, als Fremdgeführte, die eher zu den multimedialen Informationsanbietern gehören.

- Verlagsgröße/Mitarbeiterzahl und Selbstverständnis: Kleinere Verlage zeigen überproportional mehr traditionelles Selbstverständnis, als größere Verlage, die eher zu den multimedialen Informationsanbietern gehören.

- Alter der Geschäftsführung und Verlagsgröße/Mitarbeiterzahl: Größere Verlage besitzen überproportional mehr Geschäftsführungen im Alter zwischen 40 und 60 Jahren, kleine Verlage sind durch jüngere oder sehr alte Geschäftsführungen geprägt.

- Management und Verlagsgröße/Mitarbeiterzahl: Entsprechend lässt sich das Bild für diesen Zusammenhang darstellen: Größere Verlage besitzen überproportional mehr Fremdmanagement, kleine Verlage sind eher inhabergeführt.

- Alter der Geschäftsführung und Selbstverständnis des Verlages: Es ist kein eindeutiger Trend zu erkennen, wohl aber ein statistischer Zusammenhang. Tendenziell verstehen sich Verlage mit Geschäftsführungen zwischen 40 und 60 eher als multimedialer Informationsanbieter, weniger die Verlage mit jüngeren oder sehr alten Geschäftsführungen. Der Grund mag hier nicht direkt im Alter liegen, sondern vielmehr im Zusammenhang mit der Größe der Verlage. Die Dependenzen liegen hier also anders, als man zunächst vermuten möge, wenn man annimmt, dass jüngere Geschäftsführungen weniger traditionell denken.

- Alter der Geschäftsführung und Management: Hier gilt das soeben Gesagte in gleicher Weise. Ein Zusammenhang ergibt sich nicht direkt, sondern nur über die Erscheinung, das größere Verlage auch eher eine Fremdgeschäftsführung besitzen, und die wiederum liegt typischerweise zwischen 40 und 60 Jahren.

- IT-Kenntnisse und Alter der Geschäftsführung: Obwohl es sachlogisch zu vermuten wäre, ist hier kein eindeutiger Trend zu erkennen, wohl aber ein statistischer Zusammenhang. Tendenziell benennen Geschäftsführungen zwischen 40 und 60 überproportional mehr mittlere IT-Kenntnisstände und sehr alte Geschäftsführungen überproportional geringe IT-Kenntnisse – was nachvollziehbar ist. Gleichwohl kann kein genereller und direkter Einfluss des Alters der Geschäftsführung auf die IT-Kenntnisse abgeleitet werden, vielmehr ist auch hier wieder die Größe des Verlages maßgeblich, die die Geschäftsführung zwingt, sich mit der Thematik IT vermehrt zu befassen.

- IT-Kenntnisse und Selbstverständnis: In Verlagen, die sich als multimedialer Informationsanbieter verstehen, zeigt sich – erwartungsgemäß – ein signifikant höherer IT-Kenntnisstand, als in traditionell geprägten Unternehmen. Allerdings zeigen dies die statistischen Daten nicht so deutlich, wie es aus der sachlogischen Überlegung heraus zu vermuten war.
- IT-Kenntnisse und Management: Erstaunlicherweise sind in inhabergeführten Verlagen die IT-Kenntnisse etwas besser geratet, als in denen, die fremdgeführt sind. Allerdings sind auch hier die statistischen Daten kaum signifikant, wie es aus der sachlogischen Überlegung heraus zu vermuten war.
- Verlagsgröße und Komplexität: Außerdem zeigen die Komplexität (Anzahl lieferbarer Titel) und Größe der Verlage erwartungsgemäß starke Korrelationen. Dass größere Verlage (gemessen an ihrer Mitarbeiterzahl) auch eine größere Komplexität (gemessen an der Anzahl der lieferbaren Titel) besitzen, überrascht schon sachlogisch nicht. Gleichwohl erscheint die Mitarbeiterzahl als ein verlässlicheres Maß gegenüber der durch Print-on-Demand und Mehrfachverwertung verzerrten Variablen Komplexität. Daher wird im weiteren Verlauf und für noch anstehende Analysen nur noch die Mitarbeiterzahl als Maß für Größe und Komplexität verwendet.

4.3 IT-Integration und -Einsatz in den Verlagen – Umfang und Widerstände

4.3.1 IT-Integration und -Einsatz in den Unternehmen

Überblick

Um zu erfassen, in welchem Umfang und auf welchem Stand sich der IT-Einsatz in den Verlagen befindet, wurden den Befragten zwei Fragenblöcke gestellt:

- Es wurde nach der IT-Integration im Unternehmen gefragt. Sie ist die zentrale Größe in der gesamten Erhebung. Unter IT-Integration wird hier das Maß verstanden, in dem die verschiedenen IT-Anwendungen im Unternehmen miteinander verbunden und aufeinander abgestimmt sind. Die Variable wurde über ein Rating mit den Ratingstufen 1 bis 5 skaliert, die einzelnen Ratingstufen wurden im Fragebogen verbalisiert. Dies ist im Fragebogen im Anhang und in der späteren Tabelle (s. u.) gezeigt.

- Die Frage nach der IT-Integration wurde um einen Fragenblock zum Umfang der IT-Anwendung in ausgewählten Teilbereichen/Aufgabenfeldern (Items) in den Unternehmen ergänzt. Auch diese Items sind im Fragebogen im Anhang und in der späteren Tabelle (s. u.) ersichtlich. Zu jedem Item wurde eine 5-stufige Ratingskala gegeben.

Da auch aus den Ratings zu den einzelnen Unternehmensbereichen in der zweiten Frage der Grad der Integration der IT im Unternehmen ersichtlich wird, können die Antworten beider Fragen zum Zwecke der Plausibilitätsprüfung verglichen werden: Der Mittelwert aller Ratings eines Befragten in der zweiten Frage muss mit dessen Rating in der ersten Frage korrespondieren. Im Folgenden werden nun zunächst für beide Fragenblöcke die Ergebnisse für alle Befragten zusammen dargelegt, anschließend werden diese nach Einflussfaktoren (Verlagsausrichtung, Verlagsgröße, Einstellung zur IT etc.) differenziert.

IT-Integration – Gemeinsame Ergebnisse aller Befragten

In welchem Maße ist die vorhandene IT in den Verlagen miteinander integriert, d. h. miteinander verbunden und aufeinander abgestimmt? Da die einzelnen Stufen des Ratings für die Befragten verbalisiert wurden, können diese zunächst auch in einer Häufigkeitsverteilung dargestellt werden. Die folgende Tabelle und die illustrierende Abbildung zeigen hierzu das Ergebnis für alle Befragten (306 der 313 Befragten gaben hierzu eine Antwort):

Antwort	Rating	abs. HK	rel. HK
Gar nicht	1	59	19,28 %
Nur ausgewählte einzelnen IT-Anwendungen	2	70	22,88 %
Die IT einzelner Abteilungen ist miteinander verbunden und aufeinander abgestimmt	3	87	28,43 %
Jegliche IT ist im gesamtem Unternehmen miteinander integriert	4	65	21,24 %
Die IT im Unternehmen ist auch nach außen mit Geschäftspartnern integriert	5	25	8,17 %
Summe		306	100 %

Tab. 4.13: Abs. und rel. Häufigkeiten zur Frage nach der IT-Integration (n=306)

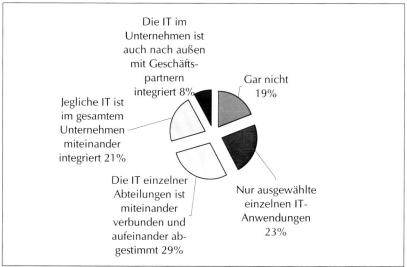

Abb. 4.17: Verteilung der Antworten zur Frage nach der IT-Integration (rel. Häufigkeiten, n = 306)

Die Verbalisierung der Ratingstufen wurde so gewählt, dass die Bewertungsabstände zwischen den Ratingstufen gleich groß skaliert sind, die gebildeten Mittelwerte somit aussagefähig sind (Mittelwert auf der Skala von 1 bis 5).

Der Mittelwert der Antworten aller Befragten beträgt 2,76 (n = 306, Standardabweichung von 1,22). Verbalisiert bedeutet dies, dass sich – im Mittel – die Unternehmen auf dem Wege zu einer vollständigen Integration aller IT im Unternehmen bewegen, die Mehrheit der abteilungsspezifischen IT-Systeme aber bereits ineinander verzahnt ist. Etwa die Hälfte der Befragten Verlage befindet sich im Umfeld dieser Entwicklungsstufe der IT im Unternehmen.

Gleichwohl fällt auf, dass immer noch 20% der Verlage keine Integration ihrer IT benennen können – ein hoher Anteil insbesondere im Lichte des Umstandes, dass in den Antworten der Befragten auch ein gewisses Overreporting erwartet werden kann.

IT-Einsatz in den Teilbereichen der Verlage – Gemeinsame Ergebnisse aller Befragten

In dem Frageblock zum IT-Einsatz in den einzelnen Teilbereichen bzw. zu den Aufgaben in den Verlagen wurde mit der Verbalisierung der Ratingstufen auch die Vernetzung, also auch die Integration der IT in den Verlagen mit erfasst. Die fünf Ratingstufen wurden wie folgt verbalisiert:

Stufe 1 = keine IT vorhanden

Stufe 2 = rudimentäre IT-Unterstützung, Einzelprogramme

Stufe 3 = komplette IT-Austattung

Stufe 4 = abteilungsübergreifende IT-Lösung

Stufe 5 = unternehmensübergreifende IT-Lösung

Für dieses Rating sind in der unten stehenden Tabelle die Mittelwerte nebst Standardabweichung je Item (Unternehmensbereich) aufgeführt, die folgende Abbildung stellt das Ergebnis grafisch dar. Dabei weicht die Reihenfolge der Unternehmensbereiche hier von der im Fragebogen ab, da diese nach den Mittelwerten aufsteigend sortiert wurden.

Unternehmensbereich/Item	abs. HK	Mittelwert	Standardabw.
Rechtsabteilung	270	1,67	1,03
BI/Mafo	277	2,21	1,28
Personalverwaltung	306	2,48	1,36
Controlling	290	2,55	1,52
Produktmanagement	290	3,21	1,31
Anzeigenverwaltung	301	3,28	1,53
Auftragsmanagement	276	3,33	1,57
Redaktion/CMS	308	3,50	1,31
Druck	271	3,56	1,62
Rechnungswesen	313	3,68	1,00
Ausstattung/Graphik	272	3,68	1,25
Vertrieb	305	4,08	1,15
sonstige	16	3,38	1,71

Tab. 4.14: Mittelwert, abs. Häufigkeiten und Standardabweichung der Ratings zum IT-Einsatz in verschiedenen Unternehmensbereichen (Verbalisierung zu den Ratingstufen siehe Text)

Erwartungsgemäß weist die Rechtsabteilung die geringste IT-Durchdringung auf, Ausstattung/Graphik und Vertrieb die höchste – letzterer insbesondere auch aufgrund der Vernetzung mit Kunden und Absatzmittlern. Der geringe

Wert für die Rechtsabteilung ist zudem darin begründet, dass kleinere Verlage eine Rechtsabteilung erst gar nicht besitzen, was sich auch in der geringeren Zahl der Nennungen ggü. anderen Items ausdrückt. Rechtsfragen (Verträge, Rechtsstreitigkeiten) werden in diesen Verlagen nur unterstützend bearbeitet, so z. B. durch einfache Korrespondenz oder Ausdruck vorgefertigter Verträge. Dies bedarf nur rudimentärer IT.

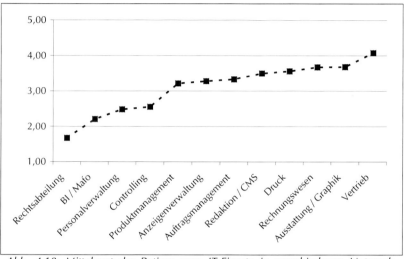

Abb. 4.18: Mittelwert der Ratings zum IT-Einsatz in verschiedenen Unternehmensbereichen (Rating 1 bis 5, Verbalisierung zu den Ratingstufen siehe Text)

Ebenso im Lichte mangelnder Existenz in kleinen Verlagen sind die geringen Werte für Marktforschung (Mafo) und Controlling zu bewerten. Ebenso nachvollziehbar sind die hohen Werte für Redaktion/CMS, Druck und Rechnungswesen. Nachholbedarf ergibt sich beim IT-Einsatz – abhängig von der Ausrichtung des einzelnen Verlages – somit primär im Controlling, dem Produktmanagement, der Anzeigenverwaltung und dem Auftragsmanagement.

Über die Ratings hinaus konnten die Befragten die Liste der vorgegebenen Teilbereiche/Aufgaben im Verlag um freie Antworten ergänzen. Hierzu war zum Item „sonstige" die Eingabe von Stichworten und auch ein Rating dazu notwendig. Allerdings wurden von den Befragten zu den 16 Nennungen von weiteren Teilbereichen/Aufgaben nur in wenigen Fällen auch Ratings abgegeben – vermutlich auch deswegen, weil die Befragten mehrere Stichworte und damit Teilbereiche zusammen nannten, für die aber unterschiedliche Ratings abzugeben wären. Der noch in der obigen Tabelle aufgeführte Mittelwert für „sonstiges" ist daher wenig aussagekräftig, weshalb dieses Item in der grafischen Übersicht in der obigen Abbildung dazu ausgelassen wurde.

Die 16 Antworten wurden inhaltlich ausgewertet und konnten so unter 3 Begriffe subsumiert werden: Abonnementverwaltung, ERP-System + CMS sowie Herstellung. Allerdings fallen diese Aufgabenfelder wiederum auch unter einige der bereits vorgegebenen Aufgaben/Teilbereiche. Somit ergaben die freien Antworten keine neuen Erkenntnisse.

4.3.2 Einflüsse auf die IT-Integration in den Unternehmen

Überblick

Jenseits der Analyse der Antworten aller Befragten zu IT-Integration und IT-Einsatz ist es von Interesse, zu wissen, welchen Einfluss die in der Befragung erhobenen und oben bereits beschriebenen Eigenschaften der Verlage (hier bezeichnet als „Eingangsvariablen": Verlagsausrichtung, Verlagsgröße/Mitarbeiterzahl, Alter der Geschäftsführung, Management, Selbstverständnis, Einstellung zur IT, IT-Kenntnisse) auf die hier betrachteten beiden Variablen aufweisen.

Hierzu werden zunächst (Inter-)Dependenzen zwischen den Eingangsvariablen und der Variablen „IT-Integration" per Korrelationsanalyse (nach Spearman) und kreuztabellarischem Vergleich (mit Chi-Quadrat-Test) untersucht. Dabei dürfte es sich ohnehin nur um Dependenzen der IT-Integration von den Eingangsvariablen handeln. Daher wird hier im Weiteren der Wortteil „Inter" nur noch in Klammer geführt.

Die Ergebnisse hierzu sind in der folgenden Tabelle aufgeführt. Allerdings ergeben sich zwischen Korrelationstest und kreuztabellarisch basiertem Chi-Quadrat-Test Widersprüche, ob (Inter-)Dependenzen angenommen werden können. Dies mag insbesondere darin begründet sein, dass der Spearman-Test einen monotonen Zusammenhang der Variablen annimmt und so trotz einer (Inter-)Dependenz einen niedrigen Wert anzeigt.

Einfluss- variable Maß	Ver- lagsart	Mitar- beiter- zahl	Alter GF	Mana- gement	Selbstver ständnis	IT- Einstel- lung	IT- Kennt- nisse
Korrelationstest							
Korrelationskoeffizient (nach Spearman)	0,05	0,36	0,30	0,07	0,62	0,64	0,46
Gültige Fälle	306	306	306	306	306	306	306
Einseitige Signifikanz	0,20	0,00	0,00	0,12	0,00	0,00	0,00
Bewertung	Indep.	indiff.	indiff.	indep.	depend.	depend.	indiff.
Kreuztabelle/Chi-Quadrat							
Chi-Quadrat	25,72	199,80	216,40	22,61	160,45	180,60	178,64
Freiheitsgrade	8	16	16	4	4	16	16
Quantile bei 5%	15,51	26,30	26,30	9,49	9,49	26,30	26,30
Bewertung	depend.	depend.	depend.	depend.	depend.	depend.	depend.

Tab. 4.15: Bewertung einer (Inter-)Dependenz zwischen Eingangsvariablen des Samples und der IT-Integration, dabei ist...
depend. = Dependenz kann angenommen werden,
indiff. = indifferent, von einer Dependenz kann nicht sicher ausgegangen werden,
indep. = es kann davon ausgegangen werden, dass keine Dependenz besteht

Da die Ergebnisse beider Bestimmungsverfahren also nicht eindeutig sind, werden im Folgenden die möglichen Einflüsse entlang eines Vergleichs der Mittelwerte zur IT-Integration je Ausprägung der Eingangsvariablen nochmals genauer betrachtet.

Einfluss der Verlagsausrichtung

Zwischen den Tests zuvor hatte sich ein Widerspruch ergeben, ob ein Einfluss der primären Ausrichtung des Verlages auf die IT-Integration angenommen werden kann oder nicht: Der Korrelationskoeffizient lag nahezu bei 0 (wiederum wohl ein Verstoß gegen die Monotonie der Interdependenz), die Kreuztabellierung lässt aber eine Abhängigkeit annehmen. Aufschluss dazu kann nun die folgende Gegenüberstellung geben:

Verlagsausrichtung	N	Mittelwert	Standardabw.
alle	306	2,76	1,22
Buch	127	2,70	1,32
Zeitschrift	118	2,80	1,24
Zeitung	61	2,82	0,96

Tab. 4.16: Mittelwert, Standardabweichung und abs. Häufigkeiten zur IT-Integration differenziert nach Verlagsausrichtung (n = 306)

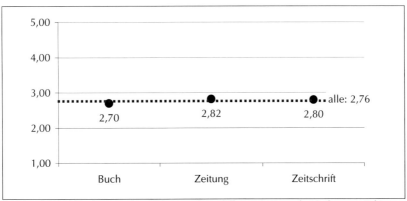

Abb. 4.19: Mittelwerte der IT-Integration differenziert nach Verlagsausrichtung (n=306, Rating 1 bis 5, Erläuterungen siehe Text)

Die Unterschiede zwischen den Teilmengen sind sehr gering, die maximale Differenz zwischen den Mittelwerten liegt bei weniger als 10% der Standardabweichungen gegenüber dem Mittelwert für alle Befragten sogar unter 5%. Zwar ist es inhaltlich nachvollziehbar und es war auch so zu erwarten, dass die – tendenziell kleineren – Buchverlage geringere IT-Integration aufweisen, während die – eher größeren – Zeitungsverlage hier mehr IT-Integration angeben können, doch eine statistische Signifikanz kann hier nicht erkannt, eine (Inter-)Dependenz nicht angenommen werden.

Einfluss der Verlagsgröße/Mitarbeiterzahl

In gleicher Weise wie beim Einfluss der Ausrichtung des Verlages ist auch eine Analyse für den Einfluss der Größe des jeweiligen Unternehmens vorzunehmen – gemessen an der Mitarbeiterzahl. Auch hier hatten die beiden obigen Bestimmungsverfahren keine einheitlichen Ergebnisse erbracht:

Der Korrelationskoeffizient deutet mit 0,36 nicht auf eine Abhängigkeit hin, die Kreuztabellierung allerdings legt die Annahme einer Abhängigkeit nahe.

Ein Zusammenhang wird hier nun aber deutlich (vgl. Tabelle und Abbildung): Mit steigender Größe/Mitarbeiterzahl der Unternehmen nimmt auch der Umfang der IT-Integration zu. Dies war auch so zu erwarten.

Mitarbeiterzahl	N	Mittelwert	Standardabw.
alle	306	2,76	1,22
< 11	100	2,36	1,42
11 - 50	110	2,66	1,16
51 - 200	52	2,94	0,85
201 - 500	17	3,24	0,66
> 500	27	4,00	0,00

Tab. 4.17: IT-Integration in Abhängigkeit von der Mitarbeiterzahl

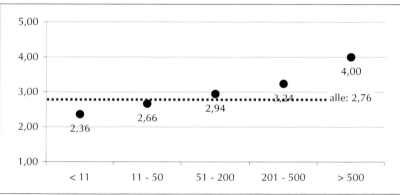

Abb. 4.20: IT-Integration in Abhängigkeit von der Mitarbeiterzahl (n=306, Rating 1 bis 5, Abszisse: Gruppen der Mitarbeiterzahl, Erläuterungen siehe Text)

Zeigt das Alter der Geschäftsführung einen Einfluss auf die IT-Integration?

Es stellt sich zudem die Frage, ob das (durchschnittliche) Alter der Geschäftsführung einen Einfluss auf die IT-Integration aufweist. Kausallogisch ließe sich dies mit der Annahme begründen, dass jüngere Geschäftsführungsmitglieder offener für IT sind als ältere und sie somit die Entwicklung der IT im Unternehmen mehr vorantreiben werden als ältere Mitglieder der Geschäftsführung.

Die beiden obigen Bestimmungsverfahren hatten hier ebenso kein einheitliches Ergebnis erbracht: Der Korrelationskoeffizient deutet mit 0,30 nicht auf eine Abhängigkeit hin, die Kreuztabellierung allerdings legt die Annahme einer Abhängigkeit deutlich nahe. Die nun vorgenommene Analyse macht – wie nebenstehende Tabelle und die dazugehörige Abbildung zeigen –

auch keinen stringenten Zusammenhang deutlich. Vielmehr deutet sich an, dass eher ältere Geschäftsführungen mit höheren Werten der IT-Integration in Unternehmen in Verbindung zu bringen sind. Dabei ist der Unterschied in den Mittelwerten zudem sehr deutlich und erheblich größer als die Standardabweichungen.

Alter der GF	N	Mittelwert	Standardabw.
alle	306	2,76	1,22
< 20	0	0,00	0,00
20 - 30	12	1,83	0,94
30 - 40	52	1,50	0,70
40 - 50	135	3,20	1,07
50 - 60	83	2,94	0,92
60 - 70	24	2,88	1,80

Tab. 4.18: *Mittelwert, Standardabweichung und abs. Häufigkeiten zur IT-Integration differenziert nach dem Alter der Geschäftsführung (Ratingstufen s. o.)*

Es ist kann also davon ausgegangen werden, dass ein Einfluss besteht, allerdings muss dann eine andere, als der oben genannten Begründung herangezogen werden. Entgegen der zuvor genannten Begründung kann z. B. vermutet werden, dass jüngere Geschäftsführungen tendenziell auch eher kleineren Unternehmen vorstehen, größere Unternehmen sich eher durch „ältere Geschäftsführungen" auszeichnen. Diese Vermutung bedeutet zudem, dass Alter und Mitarbeiterzahl korrelieren müssen, sogar – dependent – mit steigender Unternehmensgröße auch das Alter der Geschäftsführung zunimmt.

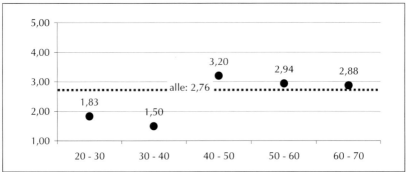

Abb. 4.21: *Mittelwerte der IT-Integration differenziert nach dem Alter der Geschäftsführung (n=306, Rating 1 bis 5, Abszisse: Altersgruppen nach Jahren, Erläuterungen siehe Text)*

Allerdings hat sich diese Annahme – wie bereits in Kapitel 4.2 gezeigt – nur in Teilen betätigt. Für „sehr alte" Geschäftsführungen jenseits der 60 Jahre nahm die von diesen repräsentierte Verlagsgröße wieder ab. Gleichwohl erscheint es vertretbar, davon auszugehen, dass sich in größeren Verlagen auch tendenziell erfahrenere Geschäftsführer bewegen.

Zusammenhang von Führung des Verlages und IT-Integration

Ebenso wie die obigen Tests liefert die Gegenüberstellung von Managementform der Verlage (inhabergeführt vs. Fremdmanagement) und IT-Integration ein wenig eindeutiges Ergebnis. Zwar liegt der Wert für Verlage mit Fremdmanagement höher als der inhabergeführter, die Differenz ist allerdings klein – gerade in der Größe der Standardabweichungen.

Management	N	Mittelwert	Standardabw.
alle	306	2,76	1,22
inhabergeführt	171	2,71	1,33
Fremdmanagement	135	2,83	1,06

Tab. 4.19: Mittelwert, Standardabweichung und abs. Häufigkeiten zur IT-Integration differenziert nach der Form des Managements (n = 306)

Es wäre allerdings auch schwer, einen signifikanten Einfluss der Managementform auf die IT-Integration glaubhaft zu begründen. Es kann nicht davon ausgegangen werden, dass eine Gruppe gegenüber der anderen mehr oder weniger IT-affin ist. Wir gehen daher von keinem Einfluss aus.

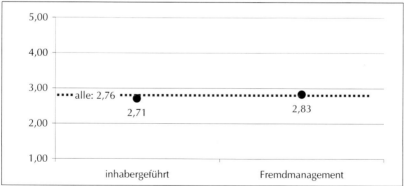

Abb. 4.22: Mittelwerte zur IT-Integration differenziert nach der Form des Managements (n=306, Rating 1 bis 5, Erläuterungen siehe Text)

Selbstverständnis des Verlages und dessen IT-Integration

Sehr deutlich werden hier die Differenzen hingegen, wenn zwischen traditionell arbeitenden Verlagen und Verlagen mit dem Selbstverständnis als multimedialer Informationsanbieter unterschieden wird – die obigen Tests hatten allerdings auch in diesem Falle widersprüchliche Ergebnisse erbracht (siehe auch obigen Kommentar zur Monotonie des Zusammenhangs):

Selbstverständnis	N	Mittelwert	Standardabw.
alle	306	2,76	1,22
traditionell	189	2,20	1,14
multimedial	117	3,67	0,67

Tab. 4.20: *Mittelwert, Standardabweichung und abs. Häufigkeiten zur IT-Integration differenziert nach dem Selbstverständnis der Verlage (n = 306)*

Aus der Tabelle und der dazugehörigen Abbildung wird deutlich, was auch inhaltlich nachvollziehbar ist: Verlage, die sich selbst als traditionell ansehen, weisen tendenziell ein geringeres Niveau der IT-Integration auf als Verlage, die sich als multimediale Informationsanbieter verstehen. Es ist offensichtlich, dass Letztere aus ihrem Selbstverständnis heraus schon eine größere IT-Affinität aufweisen.

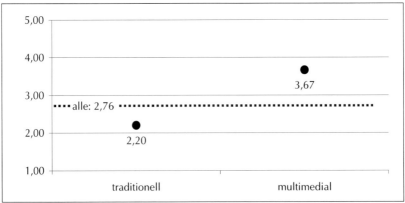

Abb. 4.23: *Mittelwerte der IT-Integration differenziert nach dem Selbstverständnis der Verlage (n=306, Rating 1 bis 5, Erläuterungen siehe Text)*

Einfluss von Einstellung und Kenntnis der Geschäftsführung zur IT

In gleicher Weise ist es auch offensichtlich, dass Verlage, deren Geschäftsführung eine positive Einstellung zur IT und deren Einsatz im Unternehmen besitzt, mehr IT-Integration im Unternehmen betreiben als Verlage, in denen eine eher ablehnende Einstellung ggü. IT besteht. Entsprechend deutlich ist das sichtbare Ergebnis hier (vgl. untenstehende Tabelle und anschließende Abbildung): Mit dem Grad der positiven Einstellung ggü. der IT steigt auch die IT-Integration im Unternehmen.

Einstellung der IT	N	Mittelwert	Standardabw.
alle	306	2,76	1,22
lehne ab	3	1,00	0,00
vermeide IT	13	1,15	0,38
nur notwendige IT	49	1,57	0,50
IT, wo sinnvoll	132	2,73	1,13
IT, wo immer es geht	109	3,57	0,91

Tab. 4.21: Mittelwert, Standardabweichung und abs. Häufigkeiten zur IT-Integration differenziert nach der IT-Einstellung (n = 306)

Bessere IT-Kenntnisse in der Geschäftsführung müssen nicht zwangsläufig in mehr IT-Integration im Unternehmen münden, da bei entsprechender Bereitschaft zu mehr IT im Unternehmen die fehlenden Kenntnisse der Geschäftsführung auch durch externe Berater oder Mitarbeiter beigebracht werden können. So ist aus Studien anderer Fachgebiete bekannt, dass Kenntnis und Einstellung auch bei der IT miteinander positiv korrelieren.

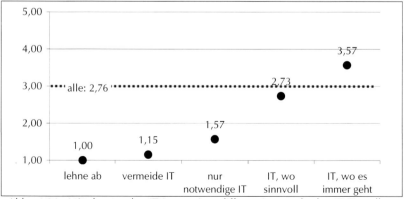

Abb. 4.24: Mittelwerte der IT-Integration differenziert nach der IT-Einstellung (n=306, Rating 1 bis 5, Erläuterungen siehe Text)

Die nebenstehenden Tabelle und die folgende Abbildung zu den Mittelwerten zu den IT-Kenntnissen in Abhängigkeit bestätigt die Annahme. Lediglich die Werte zur Ausprägung „IT Ausbildung vorhanden" weichen ab. Der Mittelwert hierzu erscheint allerdings nicht zuverlässig, er basiert ohnehin nur auf zwei Fällen. Es dürfte sich wohl eher um Eingabefehler der Befragten handeln.

IT-Kenntnisse	N	Mittelwert	Standardabw.
alle	306	2,76	1,22
keine	33	1,30	0,47
Grundkenntnisse	69	2,16	1,04
geübter Nutzer	145	3,19	1,01
administrative Kenntnisse	57	3,30	1,21
IT Ausbildung	2	1,00	0,00

Tab. 4.22: Mittelwert, Standardabweichung und abs. Häufigkeiten zur IT-Integration differenziert nach den IT-Kenntnissen (n = 306)

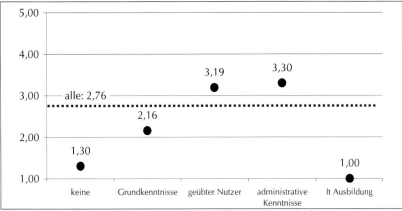

Abb. 4.25: Mittelwerte der IT-Integration differenziert nach den IT-Kenntnissen (n=306, Rating 1 bis 5, Erläuterungen siehe Text)

Somit kann festgehalten werden: Je besser die Einstellung ggü. der IT und je höher der Kenntnisstand, desto höher auch der Grad der IT-Integration.

4.3.3 Einflüsse auf den IT-Einsatz in den einzelnen Teilbereichen

Wie auch bei der IT-Integration muss davon ausgegangen werden, dass die Eingangsvariablen (Verlagsausrichtung, Verlagsgröße/Mitarbeiterzahl, Alter der Geschäftsführung, Management, Selbstverständnis, Einstellung zur IT, IT-Kenntnisse) Einfluss auf den IT-Einsatz in einzelnen Teilbereichen des Unternehmens besitzen. Denn bereits in 4.3.1 wurde ausgeführt, dass auch beide Fragenblöcke miteinander korrespondierende Sachverhalte erfassen.

Hier sollen die Einflüsse von Verlagsausrichtung, Form des Managements und des Selbstverständnisses des Verlages untersucht werden, da sich derartige Einflüsse auch inhaltlich begründen ließen. Die folgende Tabelle sowie die ergänzenden Abbildungen zeigen die Unterschiede bei den Mittelwerten der jeweiligen Ratings (1 bis 5, Erläuterungen siehe weiter oben im Text) für alle Items und Teilgruppen des Samples.

	alle	Buch	Zeitung	Zeit-schrift	inhaber-geführt	Fremd-ma-nagmt	traditio-nell	multi-medial
Rechnungswesen	3,68	3,44	3,72	3,91	3,47	3,94	3,25	4,36
Personalverwaltung	2,48	2,04	2,93	2,70	2,35	2,63	1,97	3,26
Rechtsabteilung	1,67	1,42	1,80	1,89	1,76	1,59	1,24	2,26
Controlling	2,55	2,29	2,78	2,73	2,60	2,50	1,87	3,50
Produktmanagement	3,21	3,11	3,22	3,32	2,96	3,49	2,70	3,93
BI/Mafo	2,21	2,15	2,11	2,30	1,99	2,42	1,51	3,16
Redaktion/CMS	3,50	3,06	3,61	3,89	2,92	4,20	2,91	4,41
Druck	3,56	2,88	4,38	3,96	2,74	4,44	2,95	4,44
Ausstattung/Graphik	3,68	3,25	3,78	4,15	3,09	4,42	3,13	4,56
Anzeigenverwaltung	3,28	2,46	4,28	3,61	2,85	3,81	2,48	4,47
Vertrieb	4,08	3,81	4,31	4,23	3,78	4,44	3,64	4,75
Auftragsmanagement	3,33	3,08	3,31	3,60	2,83	3,87	2,62	4,27
sonstige	3,38	4,20	0,00	2,00	3,83	2,00	1,75	5,00
Vergleichsmaß gesamt	0	-4,24	3,00	3,06	-3,90	4,53	-6,98	10,1
Vergleichsmaß ⌀	0	-0,33	0,23	0,24	-0,30	0,35	-0,54	0,78

Tab. 4.23: Vergleich der Mittelwerte der Nennungen zur IT in verschiedenen Unternehmensbereichen, vereinfachte Darstellung (Rating 1 (min) bis 5 (max), Erläuterungen siehe Text)

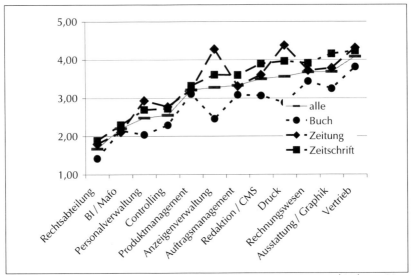

Abb. 4.26: Vergleich der Mittelwerte der Nennungen zur IT in verschiedenen Unternehmensbereichen (1. Gruppe), weitere Erläuterungen siehe obige Tabelle

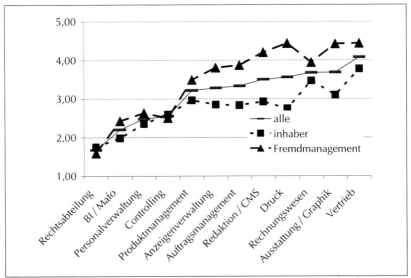

Abb. 4.27: Vergleich der Mittelwerte der Nennungen zur IT in verschiedenen Unternehmensbereichen (2. Gruppe), weitere Erläuterungen siehe obige Tabelle

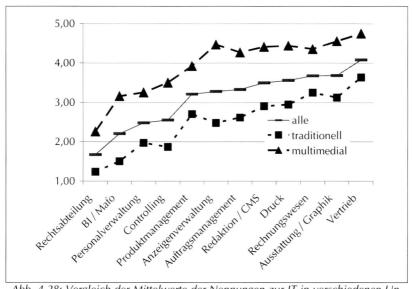

Abb. 4.28: Vergleich der Mittelwerte der Nennungen zur IT in verschiedenen Unternehmensbereichen (3. Gruppe), weitere Erläuterungen siehe folgende Tabelle

Dabei gibt die Tabelle 4.23 zuvor lediglich die Mittelwerte im Vergleich für jeden Unternehmensbereich an. Die folgende, ergänzende Tabelle 4.24 bietet zudem die Standardbeweichung und die absoluten Häufigkeiten je Unternehmensbereich und Spezifikation.

Aus den Tabellen und Abbildungen lässt sich Folgendes herauslesen:

- Fremdgeführte Verlage besitzen einen größeren IT-Einsatz in Unternehmensbereichen, die ohnehin schon ein hohes Maß an IT-Einbindung besitzen.
- Verlage mit dem Selbstverständnis als multimedialem Informationsanbieter liegen in allen Teilbereichen der Verlagsarbeit im IT-Einsatz – erwartungsgemäß – höher als sich traditionell verstehende Verlage.
- Zwischen Verlagen mit unterschiedlicher Ausrichtung auf Buch, Zeitung oder Zeitschrift finden sich keine beachtenswerten und nicht zufälligen Differenzen.
- Lediglich bei Anzeigenverwaltung und Druck finden sich sichtbare und auch nachvollziehbare Unterschiede zwischen Zeitungs- (höhere Werte) und Buchverlagen (niedrigere Werte).

	alle			Buch		
	N	X	σ	N	X	σ
Rechnungswesen	313	3,68	1,00	130	3,44	1,10
Personalverwaltung	306	2,48	1,36	123	2,04	1,07
Rechtsabteilung	270	1,67	1,03	116	1,42	0,93
Controlling	290	2,55	1,52	123	2,29	1,46
Produktmanagement	290	3,21	1,31	127	3,11	1,45
BI/Mafo	277	2,21	1,28	114	2,15	1,34
Redaktion/CMS	308	3,50	1,31	125	3,06	1,49
Druck	271	3,56	1,62	118	2,88	1,69
Ausstattung/Graphik	272	3,68	1,25	122	3,25	1,32
Anzeigenverwaltung	301	3,28	1,53	122	2,46	1,50
Vertrieb	305	4,08	1,15	122	3,81	1,28
Auftragsmanagement	276	3,33	1,57	119	3,08	1,68
sonstige	16	3,38	1,71	10	4,20	1,69
Vergleichsmaß gesamt				-4,24		
Vergleichsmaß durchschnittlich				-0,33		

Tab. 4.24 – Teil 1: Vergleich der Mittelwerte, Standardabweichungen und abs. Häufigkeiten der Nennungen zur IT in verschiedenen Unternehmensbereichen differenziert nach Eingangsvariablen (Legende siehe unten)

	Zeitung			Zeitschrift		
	N	X	σ	N	X	σ
Rechnungswesen	61	3,72	0,99	122	3,91	0,82
Personalverwaltung	61	2,93	1,33	122	2,70	1,51
Rechtsabteilung	45	1,80	0,92	109	1,89	1,11
Controlling	45	2,78	1,72	122	2,73	1,47
Produktmanagement	45	3,22	0,52	118	3,32	1,35
BI/Mafo	45	2,11	1,17	118	2,30	1,27
Redaktion/CMS	61	3,61	1,08	122	3,89	1,08
Druck	45	4,38	1,37	108	3,96	1,32
Ausstattung/Graphik	46	3,78	1,11	104	4,15	1,03
Anzeigenverwaltung	61	4,28	0,93	118	3,61	1,37
Vertrieb	61	4,31	0,94	122	4,23	1,05
Auftragsmanagement	45	3,31	1,70	112	3,60	1,35
sonstige	0	0,00	0,00	6	2,00	0,00
Vergleichsmaß ges.		3,00			3,06	
Vergleichsmaß ⌀		0,23			0,24	

Tab. 4.24 – Teil 2: Vergleich der Mittelwerte, Standardabweichungen und abs. Häufigkeiten der Nennungen zur IT in verschiedenen Unternehmensbereichen differenziert nach Eingangsvariablen (Legende siehe unten)

	inhabergeführt			Fremdmanagement		
	N	X	σ	N	X	σ
Rechnungswesen	174	3,47	1,12	139	3,94	0,75
Personalverwaltung	167	2,35	1,40	139	2,63	1,30
Rechtsabteilung	135	1,76	1,22	135	1,59	0,79
Controlling	151	2,60	1,71	139	2,50	1,28
Produktmanagement	151	2,96	1,39	139	3,49	1,15
BI/Mafo	138	1,99	1,26	139	2,42	1,27
Redaktion/CMS	169	2,92	1,34	139	4,20	0,86
Druck	140	2,74	1,71	131	4,44	0,90
Ausstattung/Graphik	151	3,09	1,19	121	4,42	0,88
Anzeigenverwaltung	166	2,85	1,65	135	3,81	1,16
Vertrieb	166	3,78	1,26	139	4,44	0,87
Auftragsmanagement	144	2,83	1,77	132	3,87	1,07
sonstige	12	3,83	1,75	4	2,00	0,00
Vergleichsmaß ges.	-3,90			4,53		
Vergleichsmaß ∅	-0,30			0,35		

Tab. 4.24 – Teil 3: Vergleich der Mittelwerte, Standardabweichungen und abs. Häufigkeiten der Nennungen zur IT in verschiedenen Unternehmensbereichen differenziert nach Eingangsvariable, Legende:
X = Mittelwert,
σ = Standabweichung,
N = abs. Häufigkeit
alle = Werte für das gesamte Sample
Buch = Werte für diejenigen Verlage, die primär auf Buchpublikationen ausgerichtet sind
Zeitung = Werte für diejenigen Verlage, die primär auf Zeitungen ausgerichtet sind
Buch = Werte für diejenigen Verlage, die primär auf Zeitschriften ausgerichtet sind
inhabergeführt = Werte für diejenigen Verlage, die inhabergeführt sind
Fremdmanagement = Werte für diejenigen Verlage, die ein Fremdmanagement besitzen
traditionell = Werte für diejenigen Verlage, die als Selbstverständnis den traditionell arbeitenden Verlag nennen
multimedial = Werte für diejenigen Verlage, die als Selbstverständnis den multimedialen Informationsanbieter nennen

	traditionell			multimedial		
	N	X	σ	N	X	σ
Rechnungswesen	192	3,25	0,98	121	4,36	0,55
Personalverwaltung	185	1,97	1,07	121	3,26	1,39
Rechtsabteilung	155	1,24	0,48	115	2,26	1,25
Controlling	169	1,87	1,21	121	3,50	1,39
Produktmanagement	169	2,70	1,26	121	3,93	1,02
BI/Mafo	160	1,51	0,92	117	3,16	1,07
Redaktion/CMS	187	2,91	1,23	121	4,41	0,81
Druck	160	2,95	1,61	111	4,44	1,17
Ausstattung/Graphik	166	3,13	1,21	106	4,56	0,68
Anzeigenverwaltung	180	2,48	1,33	121	4,47	0,90
Vertrieb	184	3,64	1,22	121	4,75	0,54
Auftragsmanagement	157	2,62	1,49	119	4,27	1,10
sonstige	8	1,75	0,46	8	5,00	0,00
Vergleichsmaß ges.	-6,98			10,13		
Vergleichsmaß ⌀	-0,54			0,78		

Tab. 4.24 – Teil 4: Vergleich der Mittelwerte, Standardabweichungen und abs. Häufigkeiten der Nennungen zur IT in verschiedenen Unternehmensbereichen differenziert nach Eingangsvariablen (Legende siehe oben)

Ergänzend zu diesen Analysen wurde hier zur gesamtheitlichen Bewertung der Teilgruppen ein Maßstab für den Vergleich der IT-Integration mit dem IT-Einsatz entwickelt. Was in beiden Tabellen als Vergleichsmaß bezeichnet wird, stellt die Differenz zwischen den Summen der Mittelwerte zu allen Unternehmensbereichen einer Teilgruppe und der Summe der Mittelwerte aller befragten Unternehmen dar (Vergleichswert gesamt). Der Gesamtwert wird sodann noch einmal durch die Zahl der Items (13 Unternehmensbereiche) dividiert, so dass eine durchschnittliche Abweichung vom Mittelwert aller befragten Unternehmen entsteht (Vergleichswert durchschnittlich). Negative Werte für den Vergleichswert besagen somit, dass die jeweilige Teilgruppe des Samples weniger umfangreiche IT im Durchschnitt aller Abteilungen besitzt. Positive Werte hingegen besagen, dass die Mittelwerte der Ratings im Durchschnitt über denen aller befragten Unternehmen liegen, also tendenziell in den Unternehmen mehr IT eingesetzt wird. Daraus wird deutlich …

- Buchorientierte (auch kleinere) Verlage, sich als traditionell verstehende Verlage und inhabergeführte Verlage weisen eher weniger IT auf.
- Zeitungs-/Zeitschriftorientierte (auch größere) Verlage, sich als multimedialer Informationsanbieter verstehende Verlage und Verlage mit Fremdmanagement weisen eher mehr IT auf.

4.3.4 Widerstände gegen IT in den Unternehmen

Neben Integration und Einsatz der IT in den Verlagen (siehe vorherige Kapitel) wurde auch nach Widerständen in den Unternehmen gegen weitergehende IT gefragt. Dazu wurden einige typische Widerstände vorgegeben, es konnten von den Befragten aber auch eigene, freie Vorschläge abgegeben werden. Den Befragten wurden im Fragebogen folgende Widerstände vorgeschlagen:

- keine Widerstände bekannt
- grundsätzliche Vorbehalte gegen IT im Verlag und bei der GF
- die mit der IT verbundenen Kosten
- das Risiko, dass die IT ausfällt
- Angst mancher Abteilungen und Mitarbeiter, an Macht zu verlieren
- IT passt nicht zur Unternehmenskultur
- fehlende Kenntnisse über IT, die Anwendungsmöglichkeiten und die Kosten und den Nutzen
- sonstige inkl. freie Antwort

Widerstand	abs. HK
Kosten	146
fehlende Kenntnisse	108
Das Risiko, dass IT ausfällt	62
IT passt nicht zur Unternehmenskultur	34
Grundsätzliche Vorbehalte	22
Angst, Macht zu verlieren	16
sonstige Gründe	16
keine Widerstände	140
Summe	544
Nennungen/Befragten	1,7

Tab. 4.25: Abs. Häufigkeiten der genannten Widerstände

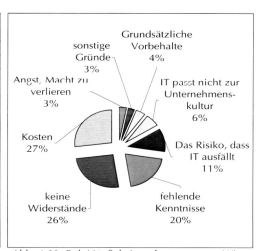

Abb. 4.29: Rel. Häufigkeiten der genannten Widerstände

Da die Befragten auch mehrere oder sogar alle vorgegeben Items bestätigen konnten, entstand folglich eine Zahl von Nennungen, die höher als die der Befragten lag: 532 Nennungen – das sind somit 1,7 Nennungen je Befragten. Im Einzelnen ergab sich folgende Verteilung (vgl. nebenstehende Tabelle und Abbildung, Reihenfolge in der Tabelle ist nicht mir der im Fragebogen identisch). Daraus kann festgehalten werden:

- Die Kosten der IT stellen den wichtigsten Widerstand gegen mehr IT/IT-Integration dar.
- Fehlende Kenntnisse folgen an zweiter Stelle.
- Keine Widerstände sehen zudem mehr als die Hälfte der Befragten.

	alle	Buch	Zeitung	Zeitschr.	inhaberg.	Fremdm.	tradition.	multimd.
Kosten	146	63	20	63	68	78	111	35
fehlende Kenntnisse	108	59	4	45	38	70	77	31
Das Risiko, dass IT ausf.	62	23	20	19	41	21	53	9
IT passt nicht zur UK	34	32	0	2	34	0	30	4
Grundsätzliche Vorb.	22	22	0	0	22	0	22	0
Angst, Macht zu verl.	16	11	0	5	4	12	9	7
sonstige Gründe	16	8	4	4	8	8	12	4
Summe Widerstände	404	218	48	138	215	189	314	90
keine Widerstände	140	54	41	45	99	41	66	74
Summe	544	272	89	183	314	230	380	164
Zahl der Befragten	313	130	61	122	174	139	192	121
Nennungen /Befragten	1,3	1,7	0,8	1,1	1,2	1,4	1,6	0,7

Tab. 4.26: Abs. Häufigkeiten der Widerstände, Vergleich nach ausgewählten Eingangvariablen, mit...
  alle = Werte für das gesamte Sample
  Buch = Werte für diejenigen Verlage, die primär auf Buchpublikationen ausgerichtet sind
  Zeitung = Werte für diejenigen Verlage, die primär auf Zeitungen ausgerichtet sind
  Buch = Werte für diejenigen Verlage, die primär auf Zeitschriften ausgerichtet sind
  inhabergeführt = Werte für diejenigen Verlage, die inhabergeführt sind
  Fremdmanagement = Werte für diejenigen Verlage, die ein Fremdmanagement besitzen
  traditionell = Werte für diejenigen Verlage, die als Selbstverständnis den traditionell arbeitenden Verlag nennen
  multimedial = Werte für diejenigen Verlage, die als Selbstverständnis den multimedialen Informationsanbieter nennen

Auch hier wird der Einfluss ausgewählter Eingangsvariablen auf die Widerstände anhand eines Vergleichs – hier der absoluten Häufigkeiten – analysiert. Dies zeigt die oben stehende Tabelle.

Auch bereinigt um die Zahl der in den Teilgruppen zur Verfügung stehenden Befragten wird deutlich, dass...

- sich traditionell verstehende Verlage mehr Widerstände sehen als Verlage mit dem Selbstverständnis als multimedialer Informationsanbieter.
- Uneinheitlich hingegen ist das Bild beim Vergleich von inhabergeführten und fremdgeführten Betrieben und beim Vergleich der unterschiedlichen Ausrichtungen der Verlage.

Aufschlussreicher ist allerdings die Zahl der Nennungen zu Widerständen je Befragten. Je höher der Wert, desto mehr Widerstände hat der jeweilige Befragte gegen die IT ins Feld führen können – ein Indikator für die gruppenspezifische Einstellung und die Gründe gegen IT. Die Ergebnisse hierzu zeigt die folgende Abbildung:

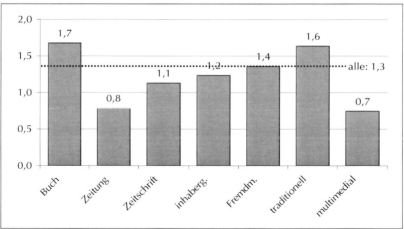

Abb. 4.30: Vergleich der Nennungen zu den Widerständen je Befragten, differenziert nach Teilgruppen, weitere Erläuterungen siehe obige Tabelle

Die Übersicht zeigt offensichtlich und erwartungsgemäß:

- Auf Buchpublikationen ausgerichtete Verlage nennen deutlich mehr Widerstände als Vertreter von Zeitungsverlagen, aber auch von Zeitschriftenverlagen.

- Verlage mit traditionellem Selbstverständnis zeigen deutlich mehr Widerstände als Vertreter von „multimedialen Informationsanbietern".
- Der Unterschied im Antwortverhalten zwischen den Vertretern von inhabergeführten gegenüber denen von fremd geführten Betrieben ist unerheblich.

Jenseits der vorgegebenen Widerstände konnten die Befragten auch eigene Widerstände nennen. Hierzu jedoch wurden 16 Nennungen vorgenommen, die auf 4 inhaltliche Gruppen von Aussagen mit je 4 Nennungen zusammen geführt werden können:

- Es bestehen noch viele Datenbrüche zwischen den Systemen/Medien.
- Der Einsatz von IT beeinflusst die Prozesse im Verlag. Der Widerstand richtete sich daher primär gegen die Veränderung der Prozesse und nicht gegen IT als solche (diese Zeiten sind doch nun wirklich vorbei!).
- Fehlende Kompatibilität der angebotenen Software.
- Der Verlag ist zu klein für mehr EDV.

Auch wenn es sich in Verhältnis zu allen genannten Widerständen um nur wenige Nennungen handelt, sollte ihre Bedeutung nicht unterschätzt werden. Denn es handelt sich um aktiv und frei benannte Widerstände und nicht wie bei den anderen Items um eine Relation auf diese.

4.3.5 Defizite beim IT-Einsatz

Im Fragebogen wurde abschließend nach Defiziten in der IT-Ausstattung im eigenen Unternehmen gefragt. Die Befragten konnten offen antworten. Die Antworten konnten inhaltlich auf einige Aussagen zusammengefasst und ihnen die jeweils darauf vereinigte Zahl der Nennungen zugeordnet werden (siehe unten stehende Tabelle). Aus den Antworten können folgende grobe Tendenzen erkannt werden – Hauptdefizite der Verlage sind:

- Mangelnde Integration und Integrationsfähigkeit der IT innerhalb des Unternehmens.
- Dazugehören auch die Defizite aus veralteter Software und Mangel an Schnittstellen zu Partnern (Zulieferer, Abnehmer etc.) des Verlages.
- Datensicherheit, Datenschutz, Datensicherung.

Damit korrespondieren die Ergebnisse zum Teil mit den Erkenntnissen aus den Experteninterviews und der Literatur.

genannte Defizite	abs. HK
Bisherige Software lässt sich nicht miteinander verbinden oder nur mit Umständen, Verzahnung der einzelnen IT, IT arbeitet nur nebeneinander, nicht verknüpfte Daten über Abteilungen hinweg, zu verbessernde innerbetriebliche Vernetzung, Datenbrüche auf ein Minimum beschränken	15
Datensicherheit, Datenschutz, Datensicherung zu aufwändig, Archivierung	8
Kompatibilität mit Software von Partnern, optimierte Schnittstellen zu Lieferanten, Schnittstellen zu Druckerei und Vertrieb nicht immer stabil	6
Veraltete Verlagssoftware/CRM, zu alte Software, veraltete Software	6
Kein einheitliches IT-System-Angebot/vollumfassende Verlagssoftware	4
Webshop	3
Betrieb läuft aus Altersgründen bald aus, keine Investitionen mehr	2
Neue Software für alles zu teuer und viel Neueinarbeitung	2
CMS	2
Zu geringer IT-Einsatz in einzelnen Bereichen, Investitionsvolumen	2
Schnittstellen, Leitungskapazitäten	2
Verfügbarkeit Programmierer	2
Zu geringer IT-Einsatz in einzelnen Bereichen	2
Mehr IT passt nicht zu unserer Größe	1
Bin erst dabei, IT einzuführen	1
CRM muss weiter entwickelt werden	1
Green IT, Lean Management/Komplexitätsmanagement	1
Interne Auswertungen + Controlling zu umständlich und zeitintensiv	1
Bezahlbares SaaS-Verlagssystem	1
Nicht innovativ, wenig Beitrag zur Unternehmensentwicklung	1
Programm- und Versionswechsel	1
Teilweise überholte Netzwerktechnik, nicht neueste Softwareversionen	1
Zu wenig Datenbankkenntnisse	1
„explizit keine Defizite"	9

Tab. 4.27: Genannte Defizite (Zusammenfassung freier Antworten in Gruppen ähnlicher Inhalte/Aussagen)

4.4 Überprüfung der empirischen Ergebnisse

4.4.1 Kontrolle weiterer, möglicher Einflussfaktoren

Jenseits der in den Kapiteln zuvor vorgenommenen, insbesondere bivariaten Analysen wurden zu Kontrollzwecken zwei weitere Einflussfaktoren auf das Antwortverhalten varianzanalytisch bzw. über Korrelationstests (Spearman) untersucht:

- Einfluss des Standortes: Unter Beibehaltung der Anonymität des Befragten wurde die Postleitzahl des befragten Unternehmen festgehalten. Die 5-stelligen PLZ wurde bis auf 2-stellige Ortsangaben reduziert.

Für jede erhobene Variable wurde geprüft, ob sich durch den Standort bedingt eine signifikante Differenz im Antwortverhalten ergeben hat.

Dies war allerdings in keinem der zur Prüfung geeigneten 12 Fragenblöcke der Fall. Ein Einfluss kann also nicht angenommen werden.

- Einfluss der Befragungssituation/Interviewer: In den drei Erhebungsteilen waren in zwei Fällen Interviewer mit dem Befragten befasst, im Falle der von den Verbänden getriebenen Befragungen hatten die Befragten selbständig und auf eigene Initiative hin den Fragebogen ausgefüllt.

Auch hier wurde für jede erhobene Variable geprüft, ob sich durch die Interviewer bedingt eine signifikante Differenz im Antwortverhalten ergeben hat.Allerdings konnte eine signifikante Veränderung des Antwortverhaltens bei keinem Interviewer und auch nicht zwischen den Befragungssituationen/Erhebungsteilen festgestellt werden.

Eine entsprechende Verzerrung kann daher nicht angenommen werden. Die Ergebnisse sind damit auch hinsichtlich eines möglichen Non-Response-Bias valide.

4.4.2 Thesenüberprüfung

Auf Grundlage der Erkenntnisse aus der Literaturanalyse wurden eingangs die folgenden Hypothesen zum IT-Einsatz in kleinen und mittleren Verlagen aufgestellt:

- Mit zunehmender Größe und Komplexität des Unternehmens, d. h. Anzahl der lieferbaren Titel und Mitarbeiterzahl, nimmt die IT-Integration in den Verlagen zu.

- Gleichwohl beeinflusst auch die Verlagsart (Buch, Zeitung, Zeitschrift) aufgrund unterschiedlicher Herstellprozesse und Lebensdauern der Titel, d. h. unterschiedlicher Komplexität, die IT-Integration.
- Ebenso beeinflusst die IT-Affinität, d. h. die Einstellung und Vorbildung der Geschäftsführung sowie das Selbstverständnis des Verlags, den IT-Einsatz bzw. die grundsätzliche Bereitschaft zum Einsatz von Informationstechnologie.
- Verlage mit einem eher traditionellen Selbstverständnis werden häufiger und in der Summe mehr Widerstände gegen den IT-Einsatz im Unternehmen vorfinden als moderne Verlage.
- Die Defizite beim IT-Einsatz der Verlage werden jenseits der weiter oben benannten allgemeinen Defizite sehr unternehmensindividuell ausfallen. Inwiefern es hier Abhängigkeiten zwischen dem Verlagstypus und den IT-Defiziten gibt, bleibt daher zu prüfen.
- Nutzer-Typen werden sich primär in Abhängigkeit folgender Eingangsvariablen ergeben:
  - Verlagsart
  - Anzahl der lieferbaren Titel
  - Mitarbeiterzahl
  - der Einstellung der Geschäftsführung zu IT
  - IT-Vorbildung der Geschäftsführung
  - Selbstverständnis des Verlags

Anhand der vorliegenden empirischen Ergebnisse sollen diese nun noch einmal überprüft werden und zur Ableitung einer Typologie beitragen.

Es kann daher Folgendes konstatiert werden:

- Es scheint wie eingangs formuliert ein positiver Zusammenhang zwischen der Komplexität/Größe eines Verlages und dem Grad seiner IT-Integration zu bestehen. Die statistischen Analysen lieferten hierzu zunächst widersprüchliche Ergebnisse, letztendlich kann aber von einer Dependenz ausgegangen werden. Dies ließ sich auch kausallogisch zeigen.
- Der eingangs angenommene Zusammenhang zwischen der IT-Integration und der Verlagsart konnte – wenngleich auch annehmbar – nicht eindeutig nachgewiesen werden. Die unterschiedlichen Prozesse in den Verla-

gen scheinen sich nicht signifikant auf die Integration der IT auszuwirken. Eher scheint der zuvor beschriebene Zusammenhang mit der Größe auch hier indirekt Einfluss zu nehmen.

- Ebenso bestätigen die empirischen Ergebnisse den angenommenen Zusammenhang der IT-Einstellung, den Kenntnissen der Geschäftsführung und dem Selbstverständnis des Verlages mit der IT-Integration und dem IT-Einsatz im Verlag. Eine positive Einstellung zur IT, gute Kenntnisse der Geschäftsführung und ein modernes Selbstverständnis des Verlages bewirken somit einen umfassenderen und integrierteren Einsatz der Informationstechnologien.

- Ebenfalls konnte die Hypothese, dass Verlage mit einem modernen Selbstverständnis weniger Widerstände gegen den Einsatz von IT aufweisen, verifiziert werden. Zudem zeigte sich, dass primär Buchverlage viele Widerstände aufweisen, was wohl darin begründet ist, dass sich Buchverlage auch überproportional häufiger als traditionelle Verlage sehen.

- Die genannten IT-Defizite in den Verlagen waren erwartungsgemäß vielfältig und sehr unternehmensindividuell, konnten gleichwohl aber auf einige Hauptdefizite zusammengeführt werden: Mangelnde Integration (-sfähigkeit) und Datensicherheit/-schutz.

- Weiterhin bestätigen die empirischen Ergebnisse, dass sich unterschiedliche IT-Nutzer-Typen zwischen den Verlagen sinnvoll nur anhand der oben aufgeführten Kriterien ableiten lassen. Dabei sei jedoch zwischen extern und intern wahrnehmbaren Kriterien zu differenzieren. Eine genaue Diskussion dieser zentralen Bestimmungsfaktoren erfolgt im nächsten Kapitel.

4.5 Herleitung von Verlagstypen

4.5.1 Zentrale Bestimmungsfaktoren für den IT-Einsatz

In den vorherigen Kapiteln wurden neben der monovariaten, deskriptiven Analyse der erhobenen Eigenschaften der Unternehmen auch Zusammenhänge zwischen den Variablen/Eigenschaften aufgedeckt. Dies war für Erkenntnisse über Einflussstrukturen der Eigenschaften auf IT-Integration, -Einsatz und -Einstellung von Bedeutung, auch wenn bivariate Zusammenhänge zwischen anderen, als diesen Variablen untersucht wurden (z. B. zwischen Alter der Geschäftsführung und Größe des Verlages).

Hier nun sollen die obigen Ergebnisse allein zu den Einflüssen auf die für die vorliegende Untersuchung wichtigen Größen zusammengestellt werden. Bei Kenntnis der beeinflussenden Variablen und deren Einflüssen kann bei späteren Erhebungen oder der Ansprache von Verlagen vorab eingeschätzt werden, auf welche IT-Basis und -Voraussetzungen man treffen wird. Diese beeinflussten Größen sind...

- IT-Integration im Unternehmen
- IT-Einsatz in verschiedenen Unternehmensbereichen/Aufgabenfeldern
- IT-Einstellung der Geschäftsführung
- Widerstände gegen (mehr) IT im Betrieb

Sie kennzeichnen die Durchdringungen der Verlage mit IT und die Voraussetzungen für die Entwicklung der im Verlag vorhandenen IT. Zwischen diesen Variablen wurde bereits oben ein Zusammenhang immer wieder festgestellt: IT-Integration, IT-Einsatz und IT-Einstellung korrelieren positiv, die drei Größen korrelieren wiederum mit der Zahl der genannten Widerstände negativ.

Hier sollen nun die direkten Einflüsse folgender Eingangsvariablen auf die soeben genannten Variablen festgehalten werden (Bestimmungsfaktoren):

- direkt von außen ersichtliche Eigenschaften des Verlages:
  - Verlagsausrichtung (Buch, Zeitung, Zeitschrift)
  - Größe (Mitarbeiterzahl)
  - Form des Managements (inhabergeführt vs. Fremdmanagement)
  - Alter der Geschäftsführung
- nur bei näherem Zugang zum Betrieb ersichtliche Eigenschaften des Verlages:
  - Selbstverständnis im Verlag (traditioneller Verlag vs. multimedialer Informationsanbieter)
  - IT-Kenntnisse der Geschäftsführung.

Statistisch signifikanter Einfluss, sowie sonstige Auffälligkeiten ...der Variable?	IT-Integration	IT-Einsatz	IT-Einstellung	IT-Widerstände (Zahl der...)
Verlagsausrichtung (Buch, Zeitung, Zeitschrift)	nein	nein, außer Differenz Buch zu Zeitung/Druck	nein	nein, außer Buch mehr, Zeitung: weniger
Größe/Mitarbeiterzahl	ja, +	ja, +	ja, +	ja, -
Managementform inhabergeführt vs. fremdgeführt	nein	nein, aber fremdgeführte höhere Werte für IT-intensive Aufgaben	ja fremdgeführte höhere Werte	nein
Alter der Geschäftsführung	nein außer höher für mittlere Altersklassen	nein, außer höher für mittlere Altersklassen	nein	nein
Selbstverständnis traditionell vs. multimedialer IA	ja, multimedial höhere Werte	ja, multimedial höhere Werte	ja, multimedial höhere Werte	ja, traditionelle mehr
IT-Kenntnisse der Geschäftsführung	ja, +	ja, +	ja, +	ja, -

Tab. 4.28: Welche Variablen haben welchen Einfluss auf die IT-Integration, den IT-Einsatz und die IT-Einstellung? Statistisch signifikanter Einfluss und Auffälligkeiten im Zusammenhang der genannten Variablen
ja = ein Zusammenhang konnte festgestellt werden
nein = es konnte kein Zusammenhang festgestellt werden
+/- = der Zusammenhang ist positiv/negativ

Die Unterscheidung zwischen von außen direkt sichtbaren Eigenschaften und denen, die erst bei näherem Zugang zum jeweiligen Betrieb erfassbar sind, erfolgt aus erhebungspragmatischen Gründen und wird später noch aufgegriffen.

Die Erkenntnisse über die Einflüsse der Variablen auf die IT-Größen gleichwohl sind bereits in den vorherigen Kapiteln herausgearbeitet worden und werden hier nur noch zusammengetragen. Sie sind in der oben stehenden Tabelle gezeigt, die die signifikanten Einflüsse und einzelne Auffälligkeiten im Verhältnis der Variablen aufführt. Die Herleitung der Zusammenhänge wurde oben dargelegt, gleichwohl seien dazu folgenden Anmerkungen gegeben:

- Einfluss auf die IT-Integration: Seitens der Variablen Verlagsgröße, IT-Kenntnisse der Geschäftsführung und Selbstverständnis des Verlages sind deutliche direkte Einflüsse auf die IT-Integration sichtbar. Bei der Verlagsausrichtung, der Form des Managements und des Alters der Geschäftsführung sind keine eindeutigen und monotonen Zusammenhänge mit der IT-Integration erkennbar: Es gibt keine eindeutige Dependenz, allerdings war schwach sichtbar, dass Buchverlage eher weniger IT-Integration aufweisen als Zeitungsverlage. Ebenso weisen im Sample Verlage mit Fremdmanagement eher etwas höhere Werte auf als inhabergeführte. Und Verlage mit Geschäftsführungen mittleren Alters (40 bis 60 Jahre) weisen höhere Werte für die IT-Integration auf, als Verlage mit sehr junger und alter Geschäftsführung. Allerdings sind diese Zusammenhänge nicht durch die jeweilige Variable bestimmt, sondern durch den Umstand, dass diese Variablen mit der Größe des Verlages korrelieren: Die unterschiedliche Größe der Verlage in der jeweiligen Teilgruppe (Buch, Zeitung, Zeitschrift, inhabergeführt, Fremdmanagement, Altersgruppen), die sich aus den Variablen ergibt, bestimmt den Einfluss.

- Einfluss auf den IT-Einsatz: Hier können im Wesentlichen die obigen Erkenntnisse zur IT-Integration wiederholt werden. Allerdings zeigen sich darüber hinaus bei Verlagen mit unterschiedlicher Ausrichtung zu den Unternehmensbereichen Anzeigenverwaltung und Druck sichtbare aber auch inhaltlich nachvollziehbare Differenzen: Zeitungsverlage zeigen höhere Werte, Buchverlage niedrigere Werte. Diese Differenz ist hier nicht durch die unterschiedliche Größe der Verlage in den Teilgruppen bedingt. Ein Zusammenhang von Form des Managements und dem IT-Einsatz ist hier allerdings für ohnehin IT-intensive Unternehmensbereiche statistisch signifikant, muss aber auch hier wiederum der unterschiedlichen Größe der Verlage in den beiden Teilgruppen zugerechnet werden.

- Einfluss auf die IT-Einstellung: Hier können im Wesentlichen die obigen Erkenntnisse zur IT-Integration wiederholt werden. Allerdings zeigt sich der größenbezogene Effekt nur beim Einfluss der Form des Managements – so stark, dass es statistisch signifikant ist. Allerdings ist auch hier wieder die einschränkende Kommentierung wie zum Einfluss auf die IT-Integration zu wiederholen.

- Einfluss auf die Widerstände gegen IT: Seitens der Variablen Verlagsgröße, IT-Kenntnisse der Geschäftsführung und Selbstverständnis des Verlages sind deutliche direkte Einflüsse auf die Zahl der genannten Widerstände sichtbar. Allerdings ist hier der Zusammenhang umgekehrt/negativ: Je größer der Verlag und je mehr IT-Kenntnisse bei der Geschäftsführung vorhanden sind, desto weniger Widerstände wurden genannt. Und entsprechend weniger finden sich auch bei Verlagen mit einem modernen Selbstverständnis als multimedialer Informationsanbieter. Ebenso größenbestimmt wie oben kommentiert, können die erkennbaren Differenzen zwischen Buch- und Zeitungsverlagen interpretiert werden, bei sonst keiner statistischen Signifikanz für Einflüsse der anderen Variablen.

Fazit aus dieser Zusammenfassung:

- IT-Integration, IT-Einsatz und IT-Einstellung gehen in den Unternehmen einher, die Zahl der genannten Widerstände und damit das Maß der Skepsis gegenüber neuer und mehr IT im Verlag entwickelt sich entsprechend gegengegenläufig.

- Der einzige – von außen sichtbare –Bestimmungsfaktor für IT-Integration, IT-Einsatz und IT-Einstellung, wie auch für die Widerstände ist die Größe des Verlages.

- Aber auch das Selbstverständnis des Verlages und die IT-Kenntnisse der Geschäftsführung sind valide Indikatoren für den Grad bzw. Umfang von IT-Integration, IT-Einsatz, IT-Einstellung und Widerstände. Allerdings setzt die Kenntnis dieser Größen voraus, dass man den jeweiligen Betrieb und die Kenntnisse der Geschäftsführung näher kennt. Dies sollte jedoch auch für Externe leicht zu recherchieren sein.

- Nicht hingegen können die Variablen bzw. Verlagseigenschaften „Verlagsausrichtung", „Alter der Geschäftsführung" und „Form des Managements" als direkte Indikatoren für IT-Integration, IT-Einsatz und IT-Einstellung und Widerstände herangezogen werden. Vielmehr erschließt sich ihr Zusammenhang mit den letztgenannten Zielgrößen über die Größe des Verlages, die ja auch mit der Komplexität des Verlages einhergeht: Buchverlage, Verlage mit traditionellem Selbstverständnis sowie Verlage mit sehr junger oder sehr alter Geschäftsführung deuten auf eher kleine Unternehmen hin, entsprechend die anderen Ausprägungen der Eigenschaften lassen größere Unternehmen erwarten – mit den oben ausgeführten Konsequenzen für IT-Integration, IT-Einsatz und IT-Einstellung und die Zahl der Widerstände gegen IT.

- Dabei ist zu beachten, dass es sich bei den indirekten Zusammenhängen vielfach um Interdependenzen handeln wird. Ein Beispiel: Zwar deutet ein IT-Experte in der Geschäftsführung auf einen größeren Verlag und damit auch auf mehr IT-Integration und IT-Einsatz sowie bessere Einstellung zur IT und weniger Widerstände hin. Allerdings bedeutet es nicht zwangsläufig, dass der IT-Experte diese Eigenschaften des Verlages bewirkt. So kann auch der IT-Experte aufgrund des ohnehin schon vorhandenen hohen IT-Einsatzniveaus und der vorhandenen Bereitschaft zu mehr IT im Verlag in die Geschäftsführung geholt worden sein. Auch wenn hier die letztendliche Dependenz nicht abschließend ermittelt werden kann, so reicht für die Einschätzung des Betriebes die bestehende Interdependenz aus.

- So scheint es sinnvoll, die von außen bzw. bei näherem Zugang zum Betrieb beurteilbaren und einen Einfluss auf das IT-Verhalten der Verlage ausübenden Variablen Verlagsgröße, Selbstverständnis des Verlages und IT-Kenntnisse der Geschäftsführung für eine Typologisierung heranzuziehen. Umgekehrt erscheint es aber auch sinnvoll, die Verlage anhand des IT-Verhaltens (IT-Integration und -Einsatzes, IT-Einstellung und Widerstände) zu typologisieren. Denn im Ergebnis führt dieser Weg zu einer Charakterisierung der Verlage ausgehend vom Stand der vorhandenen Informationstechnologie. Während eine Typologie in Abhängigkeit der beschriebenen Eingangsvariablen Aufschluss über die IT im Verlag gibt, beantwort der umgekehrte Weg die Frage nach der „Persönlichkeit" eines mehr oder weniger IT-nutzenden Verlags.

4.5.2 Herleitung der Typologien

Gedankliche Hinführung: Zwei Typologien – zwei Sichten

Im Mittelpunkt der Analyse dieser Studie steht das IT-Verhalten von Verlagen. Das IT-Verhalten wird hier anhand der Variablen IT-Integration, IT-Einsatz (in verschiedenen Bereichen der Unternehmen), IT-Einstellung (der Geschäftsführung) und Widerstände im Unternehmen gegen neue oder mehr IT operationalisiert.

Jenseits dieser Variablen wurden ferner Eigenschaften der Verlage und ihrer Geschäftsführungen erhoben. Dazu gehörten Variablen wie z. B. Größe/Mitarbeiterzahl, Form des Managements, Alter der Geschäftsführung und Selbstverständnis des Verlages.

Im Kapitel zuvor wurde ausgeführt, dass nur einige der erhobenen Eigenschaften der Verlage direkte, statistisch signifikante und kausallogische Einflüsse auf das IT-Verhalten besitzen. Es sind die Variablen „Verlagsgröße" (Mitarbeiterzahl), Selbstverständnis des Verlages und IT-Kenntnisse der Geschäftsführung. Es konnten auch weitere Korrelationen zwischen den anderen, die Eigenschaften der Verlage beschreibenden Variablen aufgedeckt werden. Dabei wurde aber deutlich, dass es – jenseits des Einflusses der dominierenden Variablen „Verlagsgröße" – nur in wenigen Fällen möglich ist, sachlogisch jeweils eine Dependenz herzuleiten. Vielmehr muss es bei der Erkenntnis bleiben, dass es sich hier zwar um Korrelationen handelt, deren Dependenz oder Interdependenz aber nur vermutet werden kann.

Diese Unbestimmtheit ist allerdings unschädlich für die sich hier nun stellende Frage nach der Beschreibung von Gruppen der Verlage, d. h. jeweils in sich geschlossener Bilder/Images von Verlagen. Denn Ziel dieses Kapitels ist es, aus den erhobenen Daten, Typen von Verlagen herauszuarbeiten. Diese Typen sollen beachtlich große Gruppen der Verlage in gemeinsamen Eigenschaften und ähnlichem IT-Verhalten zusammenführen.

Als mathematisch-methodische Basis eignet sich hierfür die Clusteranalyse, die zu möglichst homogenen Gruppen führen soll. Die Homogenität bemisst sich nach der Ähnlichkeit der Gruppenmitglieder entlang von Kriterien, welche hier die zur Clusterung heranzuziehenden oben genannten Variablen/Eigenschaften sind. Prinzipiell eigenen sich alle erhobenen Variablen/Eigenschaften als Kriterien, an denen die Clusterung entlang durchzuführen wäre. Dies würde allerdings dazu führen, dass nur Gruppen entstünden, deren Mitglieder (also die Verlage in den Clustern) sich in allen Eigenschaften ähnlich sind. Dies ist zum einen wenig hilfreich, da nur wenige Eigenschaften hier interessieren, zum anderen würden aufgrund der großen Zahl von Kriterien sehr viele, sehr kleine Cluster entstehen. Das ist hier nicht gewollt.

Vielmehr sollen nur die Variablen/Eigenschaften der Verlage herangezogen werden, für die Cluster mit ähnlichen Eigenschaften hier interessant sind:

- Zum einen sind das die vier Variablen des IT-Verhaltens: IT-Integration, IT-Einsatz (in verschiedenen Bereichen der Unternehmen), IT-Einstellung (der Geschäftsführung) und Widerstände im Unternehmen. So entstehen daraus Cluster, deren Mitglieder sich im IT-Verhalten jeweils ähnlich sind.
- Zum anderen können auch diejenigen Variablen herangezogen werden, die bereits zuvor als zentrale Einflussfaktoren auf das IT-Verhalten herausgearbeitet wurden (Verlagsgröße, Selbstverständnis des Verlages und IT-Kenntnisse der Geschäftsführung) So entstehen daraus Cluster, deren Mitglieder sich in denjenigen Eigenschaften jeweils ähnlich sind, die von außen für eine Beurteilung des IT-Verhaltens betrachtet werden können und müssen.

Je nach den soeben beschriebenen Bündeln von Variablen ergeben sich über die Cluster zwei Typologien – entsprechend auch zwei Sichten auf die Verlage:

- Es wird eine Typologie gesucht, in der im IT-Verhalten homogene Gruppen von Verlagen gebildet werden. Die Verlage in der jeweiligen Gruppe sind also in ihren Werten zu IT-Integration, IT-Einsatz und IT-Einstellung, ggf. auch in den Widerständen sehr ähnlich, zwischen den Gruppen unterscheiden sich diese aber in den soeben genannten Eigenschaften. Dies wäre also eine Typologie des IT-Verhaltens von Verlagen. Sind diese Gruppen gebildet, kann analysiert werden, ob sie jeweils in den ansonsten erhobenen Eigenschaften noch weitere markante Gemeinsamkeiten aufweisen, so z.B. Verlagsgröße oder Management.
- Es wird ferner eine Typologie gesucht, in der die im Kapitel zuvor herausgearbeiteten Einflussgrößen Verlagsgröße, Selbstverständnis und IT-Kenntnisse zu homogenen Gruppen führen sollen. Dies wäre also eine Typologie der bestimmenden Eigenschaften des IT-Verhaltens der Verlage. Eine solche Typologie ist dann sinnvoll, wenn es um die Ansprache der Verlage geht – denn während das IT-Verhalten des Unternehmens von außen nicht oder nur sehr schwer sichtbar ist, können die o. g. Eigenschaften sehr einfach (Verlagsgröße) oder mit etwas näherer Kenntnis des Verlages (IT-Kenntnisse, Selbstverständnis) ermittelt und zu einer ersten Einschätzung des zu erwartenden IT-Verhaltens herangezogen werden.

Allerdings ist es von Vorteil, wenn die Clusteranalyse geringe oder keine Korrelation zwischen den für die Clusterung herangezogenen Variablen aufweist. Die Ausführungen in den Kapiteln zuvor hatten gezeigt, dass zwischen den Variablen des IT-Verhaltens Korrelationen bestehen, dem gegenüber sind für die anderen Variablen (Verlagsgröße, Selbstverständnis und IT-Kenntnisse) diese Korrelationen gering – wie begleitende Varianzanalysen und Korrelationstests zeigten. Eine vereinfachte Faktorenanalyse brachte für die Variablen des IT-Verhaltens aber auch keine befriedigenden Ergebnisse.

Da bereits aus den vorhergehenden Analysen ersichtlich wurde, dass trotz bestehender Korrelationen der Variablen des IT-Verhaltens diese sehr wohl Abweichungen von einer monotonen oder gar linearen Abhängigkeit aufweisen, wurde dennoch eine Clusteranalyse mit diesen Variablen durchgeführt, wissend um die mögliche übersteigernde Verzerrung der Clusterbildung.

Dabei wurden die Ratings zu den einzelnen Item-Variablen des IT-Einsatzes aller Unternehmensbereiche in einem durchschnittlichen Ratingwert je befragten Verlag zusammengefasst (was auch bereits schon in Kapitel 4.3. erfolgte) und für die Bemessung der Widerstände gegen IT die Zahl der Nennungen je Befragten (siehe dazu auch Kapitel 4.3) herangezogen. Beide Clusteranalysen bzw. weitergehenden Interpretationen arbeiten hiermit – wie auch bei der zuvor erwähnten Faktorenanalyse dies so erfolgte.

Es wurden mit den o. g. Bündeln von Variablen zwei Clusteranalysen durchgeführt. Die Agglomeration erfolgte über complete linkages, deren Ergebnisse dann in den später gezeigten Dendrogrammen abgebildet sind. Auf deren Grundlage wurden jeweils drei Cluster angestrebt, da mit dieser Zahl die Distanzsummen nicht zu stark zunahmen. Die letzten Stufen der Agglomeration und die Zuordnung der Fälle zu den Clustern sind jeweils für beide Clusterungen im Anhang abgebildet.

Die Interpretation der Cluster wurde anhand der Mittelwerte und der Streuung der Fälle in den Clustern um die Mittelwerte vorgenommen. Dabei wurden aus den dichotomen Variablen der Mittelwert für die beiden Ersatz-Ausprägungen 1 und 2 ermittelt und entsprechend interpretiert (wobei ein Mittelwert von 1,5 einer Gleichverteilung entspricht und jede Ab- bzw. Aufstufung eine Tendenz innerhalb der Gruppe aufzeigt).

Nur diejenigen Mittelwerte wurden zur Beschreibung des Clusters herangezogen,...

- die signifikant vom entsprechenden Mittelwert der gesamten Stichprobe und der anderen Cluster abweichen und somit als glaubwürdige Differenz erkannt werden können und
- bei denen die Streuung deutlich kleiner ausfiel, als beim Mittelwert für die gesamte Stichprobe. So kann davon ausgegangen werden, dass sich die über den Mittelwert erkannte Eigenschaft für das Cluster charakteristisch ist.

Für die beiden Typologien ergeben sich nun folgende Erkenntnisse:

Typologie A – nach den IT-Verhaltensvariablen

Für diese Typologie wurden zur Clusteranalyse die IT-Verhaltensvariablen IT-Integration, IT-Einsatz (wie oben beschrieben als Durchschnitt der summierten Einzelratings), IT-Einstellung und Widerstände gegen IT (wie oben erläutert als Zahl der Nennungen pro Fall) herangezogen. Das entstandene Dendrogramm zeigt, dass es sinnvoll ist, drei Cluster herauszuarbeiten (für die letzten Stufen der Agglomeration und die Zuordnung der Fälle zu den Clustern siehe Anhang).

Für diese drei Cluster wurden jeweils die Mittelwerte aller erhobenen Variablen errechnet, wie auch die Streuung zu diesen in den jeweiligen Clustern. Die vollständigen Tabellen einschließlich der für die Beurteilung wichtigen Streuung finden sich im Anhang. Dort findet sich auch die clusterbezogene Differenzierung zur Variable „Verlagsausrichtung". Die folgende Tabelle gibt nur die Mittelwerte der Variablen wieder.

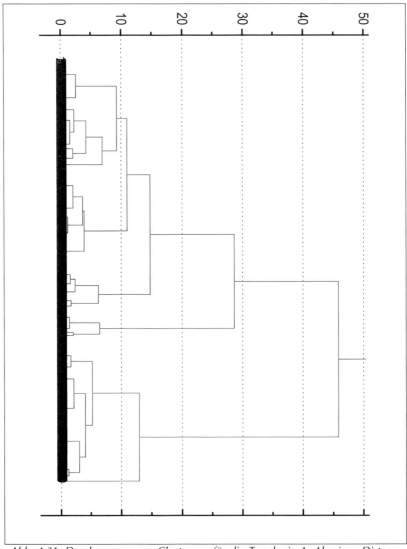

Abb. 4.31: Dendrogramm zur Clusterung für die Typologie A, Abszisse: Distanzmaß

	Zahl der Fälle im Cluster	Mitarbeiter (1-5)	Alter (1-5)	Selbstverständnis (1-2)	IT-Einstellung (1-5)	IT-Kenntnisse (1-5)	Verlagsausrichtung (Buch, Zeitung, Zeitschrift)	IT-Integration (1-5)	Genannte Widerstände je Fall	Management (1-2)	Durchschnitt des Ratings IT-Einsatz (1-5)
Ges. Stichprobe	313	2,2	4,2	1,4	4,1	2,8		2,8	1,7	1,4	2,7
Cluster A1	181	2,0	4,1	1,2	3,9	2,7	siehe Text	2,2	1,7	1,4	2,3
Cluster A2	110	2,7	4,4	1,8	4,7	3,2		4,0	1,2	1,5	3,6
Cluster A3	22	1,0	4,0	1,0	2,1	1,4		1,1	3,8	1,0	1,3

Tab. 4.29: *Mittelwerte der erhobenen Variablen, differenziert nach den Clustern in Typologie A*

Das Ergebnis dieser Analyse ist die Typologie A: Auf der Basis dieser Daten können die drei Cluster wie folgt als Typen beschrieben werden:

- „Die IT-Nutzer mit Potential" (Cluster A1): Dieser Typ stellt die größte Gruppe innerhalb der Stichprobe und damit unter allen Verlagen dar. Die Verlage in der Gruppe sind eher mittelgroße Verlage, unter denen auf Zeitungen bzw. Zeitschrift ausgerichtete Unternehmen leicht überproportional vertreten sind. Ihr tendenziell eher traditionelles Selbstverständnis korrespondiert mit einer geringen IT-Integration bei einem IT-Einsatz, der eher nur das Notwendige repräsentiert. Gleichwohl besitzt die Geschäftsführung eine positive Einstellung gegenüber neuer und zusätzlicher IT, wenn auch ihre IT-Kenntnisse eher durchschnittlich sind.

- „Die IT-Offensiven" (Cluster A2): Diese Gruppe wird primär von größeren Verlagen geprägt, es finden sich aber auch einige kleine darunter. In der Gruppe finden sich leicht überproportional viele auf Zeitungen bzw. Zeitschrift ausgerichtete Unternehmen. Gemeinsam ist hingegen allen in der Gruppe das vorbildliche IT-Verhalten (sehr hohe Werte für IT-Einstellung, für IT-Integration und für durchschnittliches Rating zum IT-Einsatz und geringe Zahl der Widerstände je Befragten). Viele Verlage in der Gruppe zeigen ein modernes Selbstverständnis als multimedialer Informationsanbieter und überdurchschnittliche IT-Kenntnisse des Managements.

- „Die bewussten IT-Ablehner" (Cluster A3): Diese kleine Gruppe innerhalb der Verlage stellt eine Art Opposition gegenüber den beiden Clustern zuvor dar: Schlechte IT-Einstellung bei sehr geringem IT-Einsatz und geringer Integration der IT im Unternehmen. Es sind fast ausschließlich kleine Betriebe mit der Ausrichtung auf Bücher und mit einem ausschließlich traditionellen Selbstverständnis. Im Betrieb werden auch sehr viele Widerstände gegen IT vorgebracht. Die Geschäftsführung ist durch die Inhaber geprägt und besitzt unterdurchschnittliche IT-Kenntnisse.

Typologie B – nach Bestimmungsfaktoren des IT-Verhaltens

Für diese Typologie wurden zur Clusteranalyse die einflussstarken Variablen „Verlagsgröße" (Mitarbeiterzahl), Selbstverständnis des Verlages und IT-Kenntnisse der Geschäftsführung herangezogen. Das entstandene Dendrogramm zeigt, dass es sinnvoll ist, drei Cluster herauszuarbeiten (für die letzten Stufen der Agglomeration und die Zuordnung der Fälle zu den Clustern siehe Anhang).

Für diese drei Cluster wurden jeweils die Mittelwerte aller erhobenen Variablen errechnet, wie auch die Streuung zu diesen in den jeweiligen Clustern. Die vollständigen Tabellen einschließlich der für die Beurteilung wichtigen Streuung finden sich im Anhang. Dort findet sich auch die clusterbezogene Differenzierung zur Variable „Verlagsausrichtung". Die folgende Tabelle gibt nur die Mittelwerte der Variablen wieder:

	Zahl der Fälle im Cluster	Mitarbeiter (1-5)	Alter (1-5)	Selbstverständnis (1-2)	IT-Einstellung (1-5)	IT-Kenntnisse (1-5)	Verlagsausrichtung (Buch, Zeitung, Zeitschrift)	IT-Integration (1-5)	Genannte Widerstände je Fall	Management (1-2)	Durchschnitt des Ratings IT-Einsatz (1-5)
Ges. Stichprobe	313	2,2	4,2	1,4	4,1	2,8	siehe Text	2,8	1,7	1,4	2,7
Cluster B1	135	1,6	4,1	1,0	3,7	2,2		1,9	2,1	1,3	1,9
Cluster B2	130	2,0	4,2	1,6	4,5	3,5		3,4	1,4	1,5	3,1
Cluster B3	48	4,4	4,4	2,0	4,1	2,4		3,6	1,3	1,7	3,7

Tab. 4.30: Mittelwerte der erhobenen Variablen, differenziert nach den Clustern in Typologie B

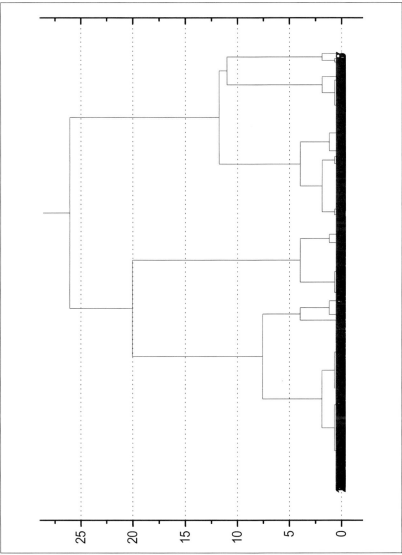

Abb. 4.32: Dendrogramm zur Clusterung für die Typologie B, Abszisse: Distanzmaß

Das Ergebnis dieser Analyse ist die Typologie B: Auf der Basis dieser Daten können die drei Cluster wie folgt als Typen beschrieben werden:

- „Die traditionellen Unterentwickelten" (Cluster B1): Innerhalb dieser stattlichen Gruppe finden sich primär kleine Unternehmen, die leicht überproportional auf Zeitungen und Buch ausgerichtet sind. Sie leben ausschließlich ein traditionelles Selbstverständnis. Der IT-Einsatz ist deutlich unterdurchschnittlich wie auch die Integration der IT im Unternehmen. Ebenso – wenn auch mit großer Streuung – ist die Einstellung zur IT leicht unterdurchschnittlich, so wie es auch die IT-Kenntnisse der Geschäftsführung sind. Die Zahl der genannten Widerstände gegen IT je Verlag ist überdurchschnittlich hoch.

- „Die offenen IT-Fortschrittlichen" (Cluster B2): Eine etwa gleich große Gruppe findet sich in diesem Typ wieder, geprägt von eher mittelgroßen Unternehmen. In der Gruppe sind überproportional viele auf Zeitschrift ausgerichtete Verlage vertreten, kein Verlag betreibt eine Zeitung. Die Verlage dieses Typs sind nicht nur durch überdurchschnittlichen IT-Einsatz und hohe Werte für die IT-Integration bestimmt, sondern zeigen eine sehr positive Einstellung gegenüber IT, was auch die Geschäftsführung mit sehr großen IT-Kenntnissen unterstreicht. Entsprechend gering sind die genannten Widerstände in diesen Betrieben ggü. IT.

- „Die abgeklärten Großen" (Cluster B3): Diese eher kleinere Gruppe unter den Verlagen bindet die großen Unternehmen im Sample, mit überproportional vielen zeitungsorientierten, und entsprechend auch tendenziell mehr fremd geführten Verlagen. Während die Einstellung gegenüber der IT in diesen Unternehmen eher durchschnittlich ist, weisen sie einen sehr umfangreichen IT-Einsatz auf bei einem hohen Niveau an Integration dieser. Interessant ist dabei, dass diese Verlage, die ausschließlich das moderne Selbstverständnis eines multimedialen Informationsanbieters besitzen und nur wenige Widerstände gegenüber IT äußern, unterdurchschnittliche IT-Kenntnisse in ihrer Geschäftsführung aufweisen.

Schlussfolgerungen

Es ist zu beachten, dass sich die gefundenen sechs Cluster überschneiden, d. h. sich die Verlage jeweils einmal in den Typologien A und B wieder finden (2 x 313 Fälle). Für den Außenstehenden sind die Typen pragmatisch nur anhand der drei Eigenschaften Verlagsgröße, IT-Kenntnisse der GF und Selbstverständnis zu unterscheiden (s. o.). Dies führt aufgrund der großen Ähnlichkeit der Cluster A3 und B1 in zwei Fällen zwar zu Schwierigkeiten, ansonsten kann eine Differenzierung jedoch auch von außen erfolgen, wie die folgende Tabelle zeigt. Sie führt die Ausprägungen der drei Typen zu den bestimmenden Eigenschaften der Verlage noch einmal zusammen und stellt sie dem IT-Verhalten gegenüber:

Cluster/Typ	Unternehmensgröße	Selbstverständnis	IT-Kenntnisse der GF	Einsatz, Integration, Widerstand	Einstellung
„Die IT-Nutzer mit Potential" (Cluster A1)	o	traditionell	o	–	+
„Die IT-Offensiven" (Cluster A2)	o	modern	++	++	++
„Die bewussten IT-Ablehner" (Cluster A3)	–	traditionell	–	– –	– –
„Die traditionellen Unterentwickelten" (Cluster B1)	– –	traditionell	–	–	–
„Die offenen IT-Fortschrittlichen" (Cluster B2)	o	o	++	+	++
„Die abgeklärten Großen" (Cluster B3)	++	modern	–	++	o

Tab. 4.31: Vergleich der Cluster in den Typologien A und B

Aus der Tabelle wird ersichtlich, dass sich die Typen „Die IT-Offensiven" (Cluster A2) und „Die offenen IT-Fortschrittlichen" (Cluster B2) in ihrer offenen Einstellung gegenüber IT gleichen. „Die bewussten IT-Ablehner" (Cluster A3) und „Die traditionellen Unterentwickelten" (Cluster B1) sind sich hingegen in ihrer Negation auf IT recht ähnlich.

Der Typ „Die IT-Nutzer mit Potential" (Cluster A1) zeigt tatsächlich das größte Potential für neue und mehr IT, während die beiden zuvor genannten Typen für eine verbesserte IT-Strategie wohl kaum erreichbar sind.

Die „Die abgeklärten Großen" (Cluster B3) dürften ihre IT-Entwicklung wohl primär selber in die Hand genommen haben bzw. einen festen Partner hierfür besitzen. Ihre abgeklärte Einstellung zur IT lässt wahrscheinlich keinen Raum für Vorschläge von außen.

Dies wird schon eher bei „Den IT-Offensiven" (Cluster A2) und „Den offenen IT-Fortschrittlichen" (Cluster B2) gegeben sein. Trotz eines hohen IT-Niveaus lässt die sehr gute Einstellung gegenüber IT auch die Bereitschaft zur Weiterentwicklung erkennen, sei es eher aus eigener Kraft heraus (Cluster A2) oder mit Unterstützung Dritter (Cluster B2).

Die folgende Abbildung versucht, die unterschiedlichen Cluster noch einmal in ihrem Potential für (zusätzliche) IT und ihrer Offenheit gegenüber dem Einsatz neuer bzw. weiterer IT in Beziehung zu einander zu stellen.

Das IT-Potential leitet sich dabei aus der Interpretation des in den Verlagen bereits bestehenden IT-Einsatzes, ihrer Integration und herrschender Widerstände ab. Die Offenheit gegenüber zusätzlicher bzw. neuer IT ergibt sich aus der Interpretation der IT-Einstellung und -Kenntnisse der GF sowie des Selbstverständnisses. Je weiter sich ein Cluster dabei rechts oben in der Matrix befindet, desto interessanter sind Beratungs- und Technologieangebote der IT-Industrie für die darin befindlichen Verlage. Da die einzelnen Cluster auch entsprechend ihrer Größe proportional zu einander dargestellt sind, lässt deutlich erkennen, dass insbesondere das Cluster A1 Potential für eine erfolgreiche informationstechnische Durchdringung bietet. Allerdings ist auch hier zu beachten, dass alle Verlage im Sample jeweils in einem A- und einem B-Cluster vertreten sind, es also zum Teil Überschneidung gibt, auch wenn dies in der grafischen Darstellung nicht explizit ersichtlich wird.

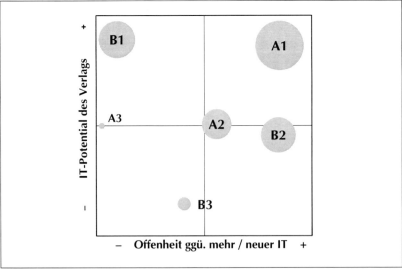

Abb. 4.33: Potential-Matrix der Verlagscluster (IT-Potential und Offenheit der Verlage ggü. mehr IT)

5 Zusammenfassung und Empfehlungen

Die statistisch-quantitative Erhebung und deren Auswertung sowie die qualitative Interpretation der Verlagsbefragung, aber auch die vorangegangene Literaturanalyse (State-of-the-Art) und die Expertengespräche erbrachten eine große Fülle von Erkenntnissen. Nachfolgend werden daher noch einmal die zentralen Ergebnisse zusammengetragen und sich daraus die ergebende Implikationen und Empfehlungen dargelegt. Letztere richten sich an...

- kleine und mittlere Verlage,
- die Anbieter von Verlags-IT und -IT-Dienstleistungen,
- die Branchenverbände und die interessierte Fachöffentlichkeit und
- die Wissenschaft.

5.1 Ergebnisse von State-of-the-Art und Empirie

IT in Verlagen – State-of-the-Art und Experteninterviews

Die eingangs vorgenommene Analyse vorhandener Studien, Publikationen, Meinungen und Ratgeber sowie die Experteninterviews zum IT-Einsatz in kleinen und mittleren Verlagen erbrachten folgendes Bild:

- *IT-Einsatz:* Besonders in kleinen Verlagen erfolgt der Einsatz von IT noch wenig systematisch. Einzellösungen sind vorherrschend. Eine IT-Strategie für das Unternehmen existiert häufig nicht.
- *IT-Integration/Automatisierung:* Mit der Verlagsgröße nimmt auch der Grad an IT-Integration und Automatisierung zu. Damit einhergehend investieren größere Verlage auch deutlich mehr in IT oder greifen häufiger auf externe Dienstleister zurück.
- *Trends:* Der Wandel in der Verlags- und Medienbranche bewirkt, dass eine informationstechnische Trennung der Aufgabenbereiche auch in KMV inadäquat und eine verlagsweite Integration wichtig ist. Bedingt wird dies durch die zunehmende Mehrfachwertung, damit einhergehende crossmediale Datenhaltung und neue Vertriebsformen.
- *Defizite und Hemmnisse:* Das größte Defizit in den Verlagen stellt die mangelnde Integration der IT zwischen den einzelnen Abteilungen dar. Denn oftmals steht das traditionelle Selbstverständnis der Verlage der Adaption neuer Technologien und der informationstechnischen Integra-

tion und Automatisierung entgegen. Somit muss die IT-Nutzung in Verlagen auch immer vor dem Hintergrund der Unternehmenskultur gesehen werden. Ggf. bedeutet ein IT-Projekt daher primär Change Management im Sinne der Veränderung der Unternehmenskultur und Einstellung zur IT.

- *Widerstände* gegen die Implementierung von (neuer, zusätzlicher) Informationstechnologie sind primär:
  - Grundsätzliche Vorbehalte gegen den IT-Einsatz.
  - Die Kosten des IT-Einsatzes.
  - Die Angst vor Systemausfällen.
  - Die Angst einzelner Personen/Abteilungen an Macht im Unternehmen zu verlieren.
  - Die (eher traditionell geprägte) Unternehmenskultur.
  - Mangelnde Kenntnisse zum Nutzen und Einsatz von IT.
- *Forschungsbedarf:* Insbesondere Widerstände gegen IT und Defizite in der Nutzung sind bislang kaum erforscht. Ebenso lässt die Befundlage auch keine Ableitung sinnvoller IT-Nutzer-Typen zu. Es bleibt in der Literatur zumeist bei sehr singulären und wissenschaftlich profanen Erkenntnissen und Forderungen.

Konsequenz: Eingangshypothesen für die Empirie

Die Erkenntnisse aus dem State-of-the-Art führten zu den folgenden Eingangshypothesen, an denen sich die empirische Studie orientierte:

- Mit zunehmender Größe und Komplexität des Unternehmens, d. h. Anzahl der lieferbaren Titel und Mitarbeiterzahl, nimmt der Grad der IT-Integration in den Verlagen zu.
- Gleichwohl beeinflusst auch die Verlagsart (Buch, Zeitung, Zeitschrift) aufgrund unterschiedlicher Herstellprozesse und Lebensdauern der Titel, d. h. unterschiedlicher Komplexität, die IT-Integration.
- Ebenso beeinflusst die IT-Affinität, d. h. die Einstellung und Vorbildung der Geschäftsführung sowie das Selbstverständnis des Verlags, den IT-Einsatz bzw. die grundsätzliche Bereitschaft zum Einsatz von Informationstechnologie.

- Verlage mit einem eher traditionellen Selbstverständnis werden häufiger und in der Summe mehr Widerstände gegen den IT-Einsatz im Unternehmen vorfinden als moderne Verlage.
- Die Defizite beim IT-Einsatz der Verlage werden jenseits der weiter oben benannten allgemeinen Defizite sehr unternehmensindividuell ausfallen. Inwiefern es hier Abhängigkeiten zwischen dem Verlagstypus und den IT-Defiziten gibt, sollte diese Studie prüfen.
- Nutzer-Typen werden sich primär in Abhängigkeit von...
  - der Verlagsart,
  - die Anzahl der lieferbaren Titel,
  - die Mitarbeiterzahl,
  - der Einstellung der Geschäftsführung zu IT,
  - der IT-Vorbildung der Geschäftsführung und
  - dem Selbstverständnis des Verlags

ableiten lassen. Die nachfolgend zusammengefassten Studienergebnisse bestätigen diese eingangs formulierten Hypothesen zum Teil und zeigen darüber hinaus weitere (Inter-)Dependenzen und Einflussfaktoren auf.

Das Sample der Empirie – die untersuchten Unternehmen

Die empirische Studie basiert auf den Antworten von insgesamt 313 Verlagen. Bei rund 650 potentiell relevanten Verlagen[3] bedeutet dies eine sehr gute Fundierung der Ergebnisse, wenn auch das Sample hinsichtlich der Anteile der Verlagsausrichtungen nicht repräsentativ ist. Da jedoch nach Typen (Clustern) differenziert wurde, besitzt dieser Umstand ohnehin keine Relevanz.

Das Sample setzt sich nach Ausrichtung der Verlage wie folgt zusammen:
- Verlage mit primärer Ausrichtung auf Bücher: 42%
- Verlage mit primärer Ausrichtung auf Zeitschriften: 39%
- Verlage mit primärer Ausrichtung auf Zeitungen: 19%

Dabei wird das Sample deutlich von kleinen Verlagen mit bis zu 50 Mitarbeitern dominiert, was dem Erkenntnisinteresse der Studie entspricht. Über

---

[3] Gemäß Schober Firmenadressen DVD 2009 Version 1.0

zwei Drittel der Antwort gebenden Verlage (71%) werden von Geschäftsleitungen im Alter zwischen 40 und 60 Jahren geführt. Es dominieren die inhabergeführten (56%) Verlage leicht über die mit einem Fremdmanagement.

Interessant ist auch, dass die Mehrheit der Befragten (61%) ein traditionelles Selbstverständnis aufweist, was für den IT-Einsatz von großer Bedeutung ist. Überraschender Weise zeigen die befragten Verlage im Mittel eine sehr positive IT-Einstellung (Mittelwert 4,1 auf einer Ratingskala von 1 bis 5). Die IT-Kenntnisse der Verlagsleitungen hingegen bewegen sich allerdings nur zwischen Grund- und geübten Anwenderkenntnissen.

Ergebnisse zum IT-Einsatz in den Verlagen

Die Antworten der Verlage zum IT-Einsatz in den unterschiedlichen Verlagsabteilungen bzw. Aufgabenbereichen bestätigen die eingangs postulierten Nachholbedarfe und Potentiale. Über alle Verlage im Sample hinweg wird ein Nachholbedarf bei der IT-Nutzung primär in folgenden Bereichen deutlich:

- Controlling
- Produktmanagement
- Anzeigenverwaltung
- Auftragsmanagement

Dies korrespondiert auch mit den Meinungen der befragten Experten. Da der IT-Einsatz in den Verlagen ohnehin nur durchschnittlich ist, ergeben sich individuell weitere, zum Teil erhebliche Potentiale in Abhängigkeit von der konkreten Verlagsausrichtung und seiner Größe. Tabelle 4.14 gibt einen umfassenden Überblick zu den einzelnen Aufgabenbereichen und dem dortigen Stand des IT-Einsatzes.

Neben dem konkreten Nachholbedarf deckten die Analysen auch folgende (Inter-)Dependenzen auf:

- Fremdgeführte Verlage besitzen einen größeren IT-Einsatz in Unternehmensbereichen, die ohnehin schon ein hohes Maß an IT-Einbindung besitzen.
- Verlage mit dem Selbstverständnis als multimedialem Informationsanbieter liegen in allen Teilbereichen der Verlagsarbeit im IT-Einsatz – erwartungsgemäß – höher als sich traditionell verstehende Verlage.

- Zwischen Verlagen mit unterschiedlicher Ausrichtung auf Buch, Zeitung oder Zeitschrift finden sich keine beachtenswerten und nicht zufälligen Differenzen.
- Lediglich bei Anzeigenverwaltung und Druck finden sich sichtbare und auch nachvollziehbare Unterschiede zwischen Zeitungs- (höhere Werte) und Buchverlagen (niedrigere Werte). Buchorientierte (auch kleinere) Verlage, sich als traditionell verstehende Verlage und inhabergeführte Verlage weisen eher weniger IT auf.
- Zeitungs-/Zeitschriftorientierte (auch größere) Verlage, sich als multimedialer Informationsanbieter verstehende Verlage und Verlage mit Fremdmanagement weisen eher mehr IT auf.

Ergebnisse zur IT-Integration in den Verlagen

Da die Integration der vorhandenen IT erheblich die Effizienz eines Verlages (Kosten, Arbeitsprozesse, Mehrfachwertung etc.) bedingt, wurde auch diese abstrakte Größe abgefragt.

Mit einem Mittelwert von 2,76 (auf einer Ratingskala von 1 bis 5) ist die IT kleiner und mittlerer Verlage im Durchschnitt zumindest teilintegriert. Dies steht jedoch im Widerspruch zu den Erkenntnissen aus den Experteninterviews sowie dem Workshop mit dem Projektpartner Siemens.

Aus diesem Grund muss hier von einem starken Overreporting oder (bedingt durch die oben beschriebenen eher durchschnittlichen IT-Kenntnisse) von einer falschen Selbsteinschätzung ausgegangen werden. Denn immerhin jeder Fünfte der Verlage gab an, die IT überhaupt nicht integriert zu haben.

Weiterhin wurden folgende (Inter-)Dependenzen deutlich:
- Zeitungen und Zeitschriften sind scheinbar etwas stärker integriert als Buchverlage, was aufgrund der unterschiedlichen Arbeitsprozesse den Erwartungen entspricht.
- Die statistischen Analysen zeigen einen deutlichen Zusammenhang zwischen der Größe eines Verlages und dessen IT-Integration (vgl. Abb. 4.20.).
- Auch konnte ein – allerdings nur indirekter mit der Verlagsgröße einhergehender – Zusammenhang zwischen der IT-Integration und dem Alter der Geschäftsführung ausgemacht werden.

- Es zeigt sich auch eine deutliche Differenz zwischen inhabergeführten und fremd geführten Verlagen, wobei Letztere stärker integriert sind.
- Ebenfalls kann ein deutlicher Zusammenhang mit IT-Einstellung aufgezeigt werden: Je besser die Einstellung gegenüber der IT und je höher der Kenntnisstand, desto höher auch der Grad der IT-Integration.

Erkannte IT-Defizite der Verlage

Die von den befragten Verlagen selbständig, ohne Vorgabe von Items genannten Defizite in ihrer IT sind erwartungsgemäß sehr unternehmensindividuell (vgl. Tab. 4.27). Gleichwohl lassen sich diese zu übergeordneten Defiziten zusammenfassen:

- Mangelnde Integration und Integrationsfähigkeit der IT innerhalb des Unternehmens
- Kompatibilitätsprobleme mit veralteter Software
- Mangel an Schnittstellen zu Partnern (Zulieferer, Abnehmer etc.) des Verlages
- Datensicherheit, Datenschutz, Datensicherung

Die Aufzählung verdeutlicht, dass die Verlage selbst IT-Integration und -Kompatibilität neben Defiziten in der Datensicherheit als ihr größtes Problem verstehen.

Dies erklärt zum einen die in den Verlagen herrschende eher mäßige IT-Integration. Zum anderen deutet es aber auch auf ein vorhandenes Problembewusstsein in den Unternehmen hin. An dieser Stelle müssen folglich die Branchenverbände und IT-Anbieter mit Unterstützungsangeboten ansetzen.

Widerstände gegen IT in den Verlagen

Widerstände gegen neue oder zusätzliche IT in den Verlagen sind primär begründet durch...

- Kostenüberlegungen und
- Know-how-Defizite.

Dabei zeigt sich, dass Buchverlage und sich traditionell verstehende Unternehmen besonders stark von Widerständen geprägt sind (vgl. Abb. 4.30).

Sonstige Eigenschaften des Verlages (z. B. Managementform) scheinen hier keinen signifikanten Einfluss zu nehmen.

Zentrale Einflussfaktoren auf das IT-Verhalten in den Verlagen

- IT-Integration, IT-Einsatz und IT-Einstellung gehen in den Unternehmen einher, die Zahl der genannten Widerstände und damit das Maß der Skepsis gegenüber neuer und mehr IT im Verlag entwickelt sich entsprechend gegengegenläufig.
- Der einzige – von außen sichtbare –Bestimmungsfaktor für IT-Integration, IT-Einsatz und IT-Einstellung, wie auch für die Widerstände ist die Größe des Verlages.
- Aber auch das Selbstverständnis des Verlages und die IT-Kenntnisse der Geschäftsführung sind valide Indikatoren für den Grad bzw. Umfang von IT-Integration, IT-Einsatz, IT-Einstellung und Widerständen.

 Allerdings setzt die Kenntnis dieser Größen voraus, dass man den jeweiligen Betrieb und die Kenntnisse der Geschäftsführung näher kennt bzw. sich z. B. durch Recherchen zunächst ein tiefer gehendes Bild des Unternehmens verschafft.

- Nicht hingegen können die Variablen bzw. Verlagseigenschaften „Verlagsausrichtung", „Alter der Geschäftsführung" und „Form des Managements" als direkte Indikatoren für IT-Integration, IT-Einsatz und IT-Einstellung und Widerstände herangezogen werden. Vielmehr erschließt sich ihr Zusammenhang mit den letztgenannten Zielgrößen über die Größe des Verlages, die ja auch mit der Komplexität des Verlages einhergeht:

 Buchverlage, Verlage mit traditionellem Selbstverständnis sowie Verlage mit sehr junger oder sehr alter Geschäftsführung deuten auf eher kleine Unternehmen hin, entsprechend die anderen Ausprägungen der Eigenschaften lassen größere Unternehmen erwarten – mit den oben ausgeführten Konsequenzen für IT-Integration, IT-Einsatz und IT-Einstellung und die Zahl der Widerstände gegen IT.

- Dabei ist zu beachten, dass es sich bei den indirekten Zusammenhängen vielfach um Interdependenzen handeln wird. Auch wenn hier die letztendliche Dependenz nicht abschließend ermittelt werden kann, so reicht für die Einschätzung des Betriebes die bestehende Interdependenz aus.

5.2 Verlagstypologien

Ausgehend von den herausgearbeiteten Einflussfaktoren auf das IT-Verhalten wurden mittels einer Clusteranalyse zwei Typologien der IT-Nutzung in Verlagen abgeleitet.

Dabei sind die A-Cluster homogen in den von außen beurteilbaren Einflussfaktoren auf das IT-Verhalten (Verlagsgröße, Selbstverständnis des Verlages und IT-Kenntnisse der Geschäftsführung). Die B-Cluster hingegen sind homogen in ihrem IT-Verhalten (IT-Einsatz, IT-Integration, IT-Einstellung und Widerstände).

Die Clusteranalyse ergab die folgenden sechs Gruppen, wobei zu beachten ist, dass sich die A- und B-Cluster in ihrer Zusammensetzung überschneiden. Das heißt, dass jeder Verlag im Sample ein Mal in A und ein Mal in B vertreten ist.

- „Die IT-Nutzer mit Potential" (Cluster A1): Dieser Typ stellt die größte Gruppe innerhalb der Stichprobe und damit unter allen Verlagen dar. Die Verlage in der Gruppe sind eher mittelgroße Verlage, unter denen auf Zeitungen bzw. Zeitschrift ausgerichtete Unternehmen leicht überproportional vertreten sind. Ihr tendenziell eher traditionelles Selbstverständnis korrespondiert mit einer geringen IT-Integration bei einem IT-Einsatz, der eher nur das Notwendige repräsentiert. Gleichwohl besitzt die Geschäftsführung eine positive Einstellung gegenüber neuer und zusätzlicher IT, wenn auch ihre IT-Kenntnisse eher durchschnittlich sind.

- „Die IT-Offensiven" (Cluster A2): Diese Gruppe wird primär von größeren Verlagen geprägt, es finden sich aber auch einige kleine darunter. In der Gruppe finden sich leicht überproportional viele auf Zeitungen bzw. Zeitschrift ausgerichtete Unternehmen. Gemeinsam ist hingegen allen in der Gruppe das vorbildliche IT-Verhalten (sehr hohe Werte für IT-Einstellung, für IT-Integration und für durchschnittliches Rating zum IT-Einsatz und geringe Zahl der Widerstände je Befragten). Viele Verlage in der Gruppe zeigen ein modernes Selbstverständnis als multimedialer Informationsanbieter und überdurchschnittliche IT-Kenntnisse des Managements.

- „Die bewussten IT-Ablehner" (Cluster A3): Diese kleine Gruppe innerhalb der Verlage stellt eine Art Opposition gegenüber den beiden Clustern zuvor dar: Schlechte IT-Einstellung bei sehr geringem IT-Einsatz und geringer Integration der IT im Unternehmen. Es sind fast ausschließlich kleine Betriebe mit der Ausrichtung auf Bücher und mit einem ausschließlich traditionellen Selbstverständnis. Im Betrieb werden auch sehr viele Widerstände gegen IT vorgebracht. Die Geschäftsführung ist primär durch die Inhaber geprägt und besitzt nur unterdurchschnittliche IT-Kenntnisse.

- „Die traditionellen Unterentwickelten" (Cluster B1): Innerhalb dieser stattlichen Gruppe finden sich primär kleine Unternehmen, die leicht überproportional auf Zeitungen und Buch ausgerichtet sind. Sie leben ausschließlich ein traditionelles Selbstverständnis. Der IT-Einsatz ist deutlich unterdurchschnittlich wie auch die Integration der IT im Unternehmen. Ebenso – wenn auch mit großer Streuung – ist die Einstellung zur IT leicht unterdurchschnittlich, so wie es auch die IT-Kenntnisse der Geschäftsführung sind. Die Zahl der genannten Widerstände gegen IT je Verlag ist überdurchschnittlich hoch.

- „Die offenen IT-Fortschrittlichen" (Cluster B2): Eine etwa gleich große Gruppe findet sich in diesem Typ wieder, geprägt von eher mittelgroßen Unternehmen. In der Gruppe sind überproportional viele auf Zeitschrift ausgerichtete Verlage vertreten, kein Verlag betreibt eine Zeitung. Die Verlage dieses Typs sind nicht nur durch überdurchschnittlichen IT-Einsatz und hohe Werte für die IT-Integration bestimmt, sondern zeigen eine sehr positive Einstellung gegenüber IT, was auch die Geschäftsführung mit sehr großen IT-Kenntnissen unterstreicht. Entsprechend gering sind die genannten Widerstände in diesen Betrieben ggü. IT.

- „Die abgeklärten Großen" (Cluster B3): Diese eher kleinere Gruppe unter den Verlagen bindet die großen Unternehmen im Sample, mit überproportional vielen zeitungsorientierten, und entsprechend auch tendenziell mehr fremd geführten Verlagen. Während die Einstellung gegenüber der IT in diesen Unternehmen eher durchschnittlich ist, weisen sie einen sehr umfangreichen IT-Einsatz auf bei einem hohen Niveau an Integration dieser. Interessant ist dabei, dass diese Verlage, die ausschließlich das moderne Selbstverständnis eines multimedialen Informationsanbieters besitzen und nur wenige Widerstände gegenüber IT äußern, unterdurchschnittliche IT-Kenntnisse in ihrer Geschäftsführung aufweisen.

Aus den Charakterisierungen der einzelnen Cluster zeigt sich, dass der Typ „Die IT-Nutzer mit Potential" (Cluster A1) tatsächlich das größte Potential für neue und mehr IT hat, während die Typen A3 und B1 für eine verbesserte IT-Strategie kaum erreichbar sind. Auch dürften „Die abgeklärten Großen" (Cluster B3) ihre IT-Entwicklung primär selber in die Hand genommen haben bzw. einen festen Partner hierfür besitzen. Ihre abgeklärte Einstellung zur IT lässt wahrscheinlich keinen Raum für Vorschläge von außen. Dies wird schon eher bei „Den IT-Offensiven" (Cluster A2) und „Den offenen IT-Fortschrittlichen" (Cluster B2) gegeben sein. Trotz eines hohen IT-Niveaus lässt die sehr gute Einstellung gegenüber IT auch die Bereitschaft zur Weiterentwicklung erkennen, sei es eher aus eigener Kraft heraus (Cluster A2) oder mit Unterstützung Dritter (Cluster B2).

5.3 Implikationen und Handlungshinweise

Implikationen für kleine und mittlere Verlage

Für kleine und mittlere Verlage implizieren die Studienergebnisse deutliche Nachholbedarfe in der IT-Nutzung und -Integration. Die selbst genannten Defizite in diesem Bereich zeigen, dass bereits ein Problembewusstsein vorhanden ist. Nicht immer besteht jedoch eine Offenheit gegenüber neuer oder zusätzlicher IT. Die vorherrschenden Widerstände (Kosten, Know-how-Defizite) sollten von den Verlagen proaktiv überwunden werden. Dazu sollten entweder Fachkräfte im Unternehmen beschäftigt/ausgebildet werden oder die Geschäftsführung eignet sich selbst umfangreiches Wissen an. Denn der mit den IT-Kosten begründete Widerstand ist wohl primär auf mangelnde Kenntnisse und unzureichendes Urteilsvermögen hinsichtlich der Kosten- und Effizienzvorteile, die zusätzliche IT mit sich bringen kann, zurückzuführen.

Die Cluster A1 sowie A2 und B2 sind durch ihre offene Einstellung ggü. neuer oder zusätzlicher IT und den noch großen Potentialen im Betrieb diejenigen, die systematisch und ggf. mit externer Hilfe eine entsprechende IT-Strategie erarbeiten sollten. Dazu eignet sich ein Vorgehen nach dem Plan-Do-Act-Check-Prinzip (PDAC) (vgl. Deming 1982):

- *Plan:* In dieser Phase werden Verbesserungspotenziale identifiziert, der Status quo analysiert und Maßnahmen zur Umsetzung einer IT-Strategie geplant. Zum Einsatz kommen dabei Checklisten, die gemeinsam mit der Geschäftsführung und den Mitarbeitern sowie ggf. externen Beratern erarbeitet werden. Im Unternehmen werden dazu die bisherige IT-Strategie und der Einsatz der IT, die bisherige Verankerung und Organisation der IT in den Unternehmensprozessen, die unternehmensspezifischen IT-Vergleichsdaten (Benchmarks) (z. B. IT-Integration, IT-unterstützte Mehrfachwertung), ggf. die Erfüllung gesetzlicher Anforderungen und die bisher erfolgte Mitarbeiterschulung im Verlag überprüft und eine neue IT-Strategie aufgestellt bzw. die bestehende modifiziert.

- *Do:* In dieser Phase werden auf Grundlage der vorangegangenen Selbstanalyse und Planung die ersten Maßnahmen ergriffen und ihre Umsetzbarkeit in einzelnen Teilen des Unternehmens geprüft. Derartige Maßnahmen sind z. B. die Einführung eines verlagsweiten Controlling-Systems oder die IT-Integration aller am „schöpferischen Prozess" beteiligten Aufgabenbereiche.

- *Check:* Die einzelnen Maßnahmen werden getestet und nach kurzer Zeit in ihrer Akzeptanz im Unternehmen, ihrem Nutzen und den Kosten/Nachteilen bewertet. Danach erfolgt eine Go-No-Entscheidung, also ggf. die Weiterführung der IT-Strategie und des Maßnahmenplans und …

- *Act:* …die weitere Verbreitung auf das gesamte Unternehmen, im Sinne eines Unternehmensstandards. Diese letzte Phase bedeutet also die unternehmensweite Einführung der erarbeiteten IT-Strategie und die Umsetzung der gewählten und bewährten IT-Maßnahmen nach ggf. vorheriger Anpassung/Individualisierung. Damit werden vielfach auch begleitende Anpassungen in der Organisation im Untenehmen und Investitionen (z. B. in Hardware) einhergehen. Moderne Konzepte wie SOA, SaaS oder Cloud Computing helfen aber insbesondere KMV dabei, die Kosten an dieser Stelle gering zu halten.

Die Verlage in den verbleibenden Clustern, aufgrund seiner Größe insbesondere B1, sollten selbstkritisch die vorhandene IT-Einstellung und das Selbstverständnis überprüfen. Allein schon aus betriebswirtschaftlichen Gründen sollte dies im Zuge einer Wettbewerber- und Marktanalyse erfolgen. B1 hat noch enorme Potentiale beim IT-Einsatz aufzuweisen, um diese nutzen zu können, muss jedoch zunächst ein Paradigmenwechsel erfolgen. Diese Verlage benötigen zur Einführung einer IT-Strategie ein starkes Change Management, welches die Unternehmenskultur grundlegend ändert und hilft, Potentiale zu erkennen.

Implikationen für IT-Anbieter

Die Erkenntnisse der Studie fordern die Anbieter von Verlags-IT dazu auf, die individuellen Bedürfnisse der kleinen und mittleren Verlage ernst zu nehmen: Den Verlagen mangelt es nicht an Problembewusstsein, gleichwohl stehen Ängste vor zu hohen Kosten und die eigenen Know-how-Defizite der Adaption neuer oder zusätzlicher IT im Wege.

IT-Anbieter sollten daher folgende Strategie verfolgen:

- *Kommunikation anpassen:* Die Kommunikation ggü. den KMV darf nicht vom technisch maximal Möglichen geprägt sein. Der reine betriebswirtschaftliche Nutzen, im Sinne von Kosten-Nutzen-Argumenten und kurzer Amortisationsdauer, sollten im Mittelpunkt stehen. Primär müssen so die betriebswirtschaftlichen Probleme der Unternehmen adressiert und IT dabei als eine Lösung - und nicht zum Selbstzweck – eingeführt werden. Die Benutzung von Schlagworten und Anglizismen in der IT-Industrie schreckt gerade kleine und mittlere Unternehmen vielfach ab und erzeugt Skepsis, wie verschiedene andere Studien zeigen.

- *Know-how erzeugen:* Mit einer veränderten Kommunikation sollten die Anbieter den Verlagen auch dabei helfen, das eigene Know-how und damit ihr Urteilsvermögen zu erhöhen. Dazu eignen sich Seminare und IT-Ratgeber, die den Verlagen seitens der IT-Anbieter angeboten werden. Dadurch versetzen sie die Verlage in die Lage, die eigenen Potentiale selbst zu erkennen und „auf Augenhöhe" mit dem Anbieter diskutieren zu können.

- *Konkrete Defizite und Nachholbedarfe adressieren:* Die Studie zeigt deutlich, dass die übergeordneten und sogar selbst erkannten Defizite der Verlage. Hierzu müssen den Verlagen unternehmensspezifische, kostengünstige und leicht handhabbare Lösungen („Out-of-the-Box") angetragen werden. Die Aufgabenbereiche, die zum Kerngeschäft der Verlage gehören oder betriebswirtschaftlich große Bedeutung besitzen (Redaktion, Druck, Ausstattung/Grafik, Vertrieb und Rechnungswesen) sind nach eigener Auskunft der Verlage bereits weitgehend IT-gestützt und größtenteils auch integriert. Hier sind die IT-Anbieter also aufgefordert, „bessere" Lösungen im Sinne der Kosten, der Effizienz und der Handhabbarkeit zu entwickeln, da die Verlage grundsätzlich versorgt sind. Dabei sollte die Lösung der oben genannten Defizite im Mittelpunkt stehen, d. h. Integrationsfähigkeit und Kompatibilität auch mit älterer Soft- und Hardware sowie Sicherheit.

- *Offene Verlage mit Potential in den Mittelpunkt stellen:* Die Typologie legt nahe, primär die Verlage zu unterstützen, die eine offene Grundhaltung ggü. neuer oder zusätzlicher IT besitzen. Siehe dazu weiter oben auch die Ausführungen zu den Typologien. Dabei sind die Verlagsgruppen aus der ersten Typologie (A) dann von Interesse, wenn es sich für die IT-Anbieter um einen Erstkontakt zu den Verlagen handelt, die Gruppen der zweiten Typologie (B), wenn die Verlage bereits dem Anbieter bereits näher bekannt sind.

Kapitel 5 – Zusammenfassung und Empfehlungen

In Summe kann den IT-Anbietern nur nahe gelegt werden, zunächst das kaufmännisch-betriebswirtschaftliche Problem der Verlage anzugehen und zu lösen und erst in einem zweiten Schritt die IT-Lösung einzubinden. Die IT ist also nur das Hilfsmittel bei der Lösung eines betriebswirtschaftlichen Problems.

Implikationen für Branchenverbände und die interessierte Fachöffentlichkeit

Für die großen Branchenverbände zeigt die Studie, dass sie ihre Mitglieder noch mehr für das Thema IT und die damit verbundenen Effizienzvorteile insbesondere in einer sich wandelnden Medienbranche, in der die verschiedenen Medientypen zunehmend verschmelzen, sensibilisieren müssen. Kleine und mittlere Verlage verfügen wie alle KMU zumeist über geringe finanzielle und personelle Ressourcen, so dass IT maßgeblich zu ihrer Effizienz und Wettbewerbsfähigkeit beitragen kann. Das muss ihnen deutlich gemacht werden. Dazu könnten folgende Instrumente zum Einsatz kommen:

- Seminare, ggf. in Kooperation mit einem großen IT-Anbieter
- Ratgeber zum IT-Einsatz in der Verlagsbranche
- Vortragsreihen
- Sonderausgaben der Newsletter zum Thema IT

Implikationen für die Wissenschaft

Für die Wissenschaft, auch in anderen Fachgebieten als der der KMU-Management-Forschung, legt die vorliegende Studie zuvor nicht untersuchte (Inter-)Dependenzen dar und trägt zur Erklärung des IT-Verhaltens kleiner und mittlerer Verlage bei. Damit wirft sie gleichzeitig weitere Forschungsfragen auf, denen in Zukunft nachgegangen werden sollte.

- In Studien gleicher Konzeption sollten weitere Branchen untersucht werden. In der Folge sollte ein Vergleich zwischen den Branchen Aufschluss über Gemeinsamkeiten und Unterschiede im IT-Verhalten der kleinen und mittleren Unternehmen geben. Die Erkenntnisse würden KMU beim Einsatz von Informationstechnologie und der Beseitigung etwaig vorhandener Defizite unterstützen. IT-Anbieter und Branchenverbände erhalten so ein besseres Verständnis der Bedürfnisse, Defizite, Hemmnisse und Widerstände und könnten darauf eingehen.
- Auch müssten die Konsequenzen für einen Verlag bei der Wahl (d. h. Festlegung auf den Einsatz) bestimmter Informationstechnologien unter-

sucht und Einflussfaktoren identifiziert werden. In Anlehnung an die Theorie der Pfadabhängigkeit würde eine solche Studie helfen, die Kreation bestimmter Technologiepfade, ihre Veränderung und ihren Bruch zu erklären und daraus Handlungsempfehlungen für die Unternehmen zu entwickeln.

- Aus Management-psychologischer Sicht wäre überdies eine tiefer gehende Untersuchung des Selbstverständnisses von Verlagen – aber auch anderer KMU – und dessen Einfluss auf das Management und die Unternehmensstrategie wissenschaftlich von Interesse. Wirkt sich das Selbstverständlich maßgeblich auf den Managementstil und die Unternehmensstrategie aus und wie sehen diese idealtypisch aus? Dies zu erklären, würde eine wissenschaftlich fundierte Studie helfen.

Quellenverzeichnis

- Bauer, Oliver/Tenz, Beate (2008): Informations- und Kommunikationstechnologie in Unternehmen – Ergebnisse für das Jahr 2007. In: Destatis (2008): Wirtschaft und Statistik 12/2007. Wiesbaden: Statistisches Bundesamt. S. 1198 – 1207.
- Benlian, Alexander/Reitz, Monica/Wilde, Thomas/Hess, Thomas (2005): Verbreitung, Anwendungsfelder und Wirtschaftlichkeit von XML in Verlagen – Eine empirische Untersuchung. München: Ludwig-Maximilians-Universität.
- Börsenverein des Deutschen Buchhandels (BDB) (2009): Wirtschaftszahlen. Online: http://www.boersenverein.de/de/158446/Wirtschaftszahlen/158286 (Zugriff 23.04.09).
- Börsenverein des Deutschen Buchhandels (BDB) (o. J.): Buchmarkt in Zahlen. Online: http://www.was-verlage-leisten.de/content/view/18/68/ (Zugriff 08.06.2009).
- Capgemini (2009): Studie IT-Trends 2009 – Zukunft sichern in der Krise. Berlin et al.: Capgemini Deutschland.
- Deming, William Edwards (1982): Out of the Crisis. Cambridge/MIT.
- Deutsche Fachpresse (2009): Fachpresse Statistik 2008. Online: http://www.deutsche-fachpresse.de/fileadmin/allgemein/statistik/Statistik_2008FINAL__Kompatibilitaetsmodus_.pdf (Zugriff 23.04.09).
- Gehrmann, Matthias/Keup, Thomas (2007): Brandenburger IKT-Gipfel – Zwischenstand „Mittelstand & IT – Vertrauen und IT". Online: http://www.we-make-it.de/uploads/media/Ergebnisse_AG4_Mittelstand_und_IT.pdf (Zugriff 23.04.09).
- Graumann, Sabine (2008): 4. ePerformance Report 2008 – Sonderbericht zum Dritten Nationalen IT-Gipfel. Berlin und München: BMWi/TNS Infratest.
- Grisebach, Rolf (2005): Findet die digitale Revolution in der Verlagsbranche nicht statt? In: Picot, Arnold/Thielmann, Heinz (Hrsg.) (2005): Distribution und Schutz digitaler Medien durch Digital Rights Management. Springer: Berlin/Heidelberg.
- Haugland, Ann (2006): Opening the Gates: Print on Demand Publishing as Cultural Production. In: Publishing Research Quarterly. Fall 2006.

- Heinold, Ehrhardt F. (2004): Content Management in Verlagen: Umsetzungsszenarien und Entscheidungsprozesse. Vortrag auf dem 4. CrossMediaForum am 27. Januar 2004 in Bad Homburg.
- Keck, Thomas (2008): Sichere IT-Strategien für KMU. In: IHK Wirtschaftsforum 04/08, S. 24 – 25.
- Klüpfel, Sebastian/Brügel, Gabriel/Hofmann, Jörg/Bolesta, Wojciech (2008): Betriebswirtschaftliche Softwarelösungen für kleine und mittlere Unternehmen. Würzburg: Universität Würzburg. Online: http://www.vdeb.de/download/2009/markstudie_erp.pdf (Zugriff 27.06.09).
- Koblinger, Dagmar (2002): Die Verlagsbranche im Wandel – ein empirischer Forschungsbericht. München: Verbund Strukturwandel GmbH.
- Ortelbach, Björn (2007): Controlling in wissenschaftlichen Verlagen. Analyse IT-induzierter Veränderungen wissenschaftlicher Verlage und Konzeption ausgewählter Controllinginstrumente. Göttingen: Universitätsverlag.
- Ronte, Hanno (2001): The Impact of Technology on Publishing. In: Publishing Research Quarterly. January 2001.
- techconsult (2008): IT und E-Business im Mittelstand 2008. Kassel: techconsult GmbH.
- Verband Deutscher Zeitschriftenverleger (VDZ) (2009): Branchendaten 2008 – Publikumszeitschriften. Online: http://www.vdz.de/fileadmin/download/branchendaten/PZ_2009.pdf (Zugriff 23.04.09).
- Wirtz, Bernd W. (2006): Medien- und Internetmanagement. 5th Edition. Wiesbaden: Gabler.

Anhang: Fragebogen

IT – Einsatz in kleinen und mittleren Verlagen
– Ihr Fragebogen –

Angaben zur Einordnung Ihres Verlages

In welchen Marktsegmenten ist Ihr Verlag hauptsächlich tätig?

Buch	Zeitungen	Zeitschriften
▶	▶	▶

Wie viele (lieferbare) **Titel** führen Sie dazu?
(Bitte nur Angaben zum oben genannten Segment)

Buch	Zeitungen	Zeitschriften
○ bis 50	○ 1	○ 1
○ bis 100	○ 2	○ 2
○ bis 500	○ 3 – 5	○ 3 – 4
○ bis 1000	○ 6 – 10	○ 5 – 10
○ > 1000	○ > 10	○ > 10

Wie viele Mitarbeiter arbeiten in Ihrem Verlag?
(in Vollzeitstellen umgerechnet)

< 11	11 – 50	51 – 200	201 – 500	> 500
○	○	○	○	○

Einstellung und Wissen der Geschäftsführung

Wie hoch ist etwa das Durchschnittsalter Ihrer Geschäftsführung? (bitte grob in Jahren schätzen)

.... zwischen

20 - 30	30 - 40	40 - 50	50 - 60	60 - 70
○	○	○	○	○

Welches Form des Managements wird in Ihren Verlag betrieben?

○ inhabergeführt
○ Fremdmanagement

Welches Selbstverständnis trifft für Ihren Verlag am ehesten zu?

○ Wir verstehen uns eher als traditionell arbeitender Verlag
○ Wir verstehen uns eher als multimedialer Informationsanbieter

Welche Einstellung besitzen Sie bzw. die Geschäftsführung ggü. IT-Einsatz in Ihrem Verlag?

○ Ich lehne IT-Einsatz grundsätzlich ab. Kein Interesse, nur wenn ein Gesetz mich zwingt.
○ Ich vermeide IT, wo es geht. Es geht besser mit der Hand.
○ Ich setze nur die notwendige IT ein. Das muss reichen.
○ Ich setze IT auch dort ein, wo es sinnvoll erscheint.
○ Ich setze immer IT ein, wo es geht und möchte auch gerne auf dem neuesten Stand sein.

Welche IT-Kenntnisse besitzen Sie bzw. die Geschäftsführung in Summe?

○ Überhaupt keine.
○ Nur Grundkenntnisse für das Allernötigste.
○ Ich bin geübter Nutzer der IT.
○ Ich habe schon gute - auch erste administrative - Kenntnisse aufgrund eines eigenem Interesses an IT.
○ Ich besitze ohnehin eine professionelle Ausbildung in IT.

Der IT-Einsatz in Ihrem Verlag

Wie stark ist die **vorhandene IT in Ihrem Verlag miteinander integriert** (also miteinander verbunden und aufeinander abgestimmt)?

○ Gar nicht.
○ Nur ausgewählte einzelnen IT-Anwendungen.
○ Die IT einzelner Abteilungen ist miteinander verbunden und aufeinander abgestimmt.
○ Jegliche IT ist im gesamtem Unternehmen miteinander integriert.
○ Die IT im Unternehmen ist auch nach außen mit Geschäftspartnern integriert.

Welche **Widerstände** gegen mehr IT sind in Ihrem Verlag vorhanden (gewesen)?

☐ keine Widerstände bekannt
☐ Grundsätzliche Vorbehalte gegen IT im Verlag und bei der GF
☐ Die mit der IT verbundenen Kosten
☐ Das Risiko, dass die IT ausfällt
☐ Angst mancher Abteilungen und Mitarbeiter, an Macht zu verlieren
☐ IT passt nicht zur Unternehmenskultur
☐ fehlende Kenntnisse über IT, den Anwendungsmöglichkeiten und den Kosten und Nutzen
☐ sonstiges |_____

Welche IT besteht in den einzelnen Abteilungen
1 = keine IT vorhanden
2 = rudimentäre IT-Unterstützung, Einzelprogramme
3 = komplette IT-Ausstattung
4 = abteilungsübergreifende IT-Lösung
5 = unternehmensübergreifende IT-Lösung

(bitte nur sofern die Abteilung auch im Hause ist)

	◄ 1	◄ 2	◄ 3	◄ 4	◄ 5
Rechnungswesen	◯	◯	◯	◯	◯
Personalverwaltung	◯	◯	◯	◯	◯
Rechtsabteilung	◯	◯	◯	◯	◯
Controlling	◯	◯	◯	◯	◯
Produktmanagement	◯	◯	◯	◯	◯
BI / Marfo	◯	◯	◯	◯	◯
Redaktion / CMS	◯	◯	◯	◯	◯
Druck	◯	◯	◯	◯	◯
Ausstattung / Graphik	◯	◯	◯	◯	◯
Anzeigenverwaltung	◯	◯	◯	◯	◯
Vertrieb	◯	◯	◯	◯	◯
Auftragsmanagement	◯	◯	◯	◯	◯
Sonstiges:	◯	◯	◯	◯	◯

Abschließend:
Welche Defizite haben Sie in der letzten Zeit beim Einsatz Ihrer IT erkannt? (bitte nur Stichworte)

Bitte geben den zugesendeten Fragebogen-Code ein. _____ Mit Hilfe des Codes verhindern wir doppelte oder unberechtigte Rückläufe. Die Ihnen zugesicherte Anonymität bleibt natürlich erhalten.

Fertig! Ganz herzlichen Dank!

| Fragebogen absenden | oder | Von Vorne beginnen |

Anhang: Codierungsbogen – Befragung Verlage

Variable	Skalierung	Skala, Ausprägungen
Angaben zur Einordnung des Verlages		
Verlagsart	nominal	1 = Buchverlag 2 = Zeitschriftenverlag 3 = Zeitungsverlag
Zahlbuch (Anzahl Titel Buchverlag)	Intervallskala 1 bis 5	1 = 0 bis 50 2 = 51 bis 100 3 = 101 bis 500 4 = 501 bis 1000 5 = über 1000
Zahlzeitung (Anzahl Titel Zeitungsverlag)	Intervallskala 1 bis 5	1 = 1 2 = 2 3 = 3 bis 5 4 = 6 bis 10 5 = über 10
Zahlzeitschrift (Anzahl Titel Zeitschriftenverlag)	Intervallskala 1 bis 5	1 = 1 2 = 2 3 = 4 4 = 5 bis 10 5 = über 10
Mitarbeiter(zahl)	Intervallskala 1 bis 5	1 = kleiner 11 2 = 11 bis 50 3 = 51 bis 200 4 = 201 bis 500 5 = über 500
Einstellung und Wissen der Geschäftsleitung		
Alter Durchschnittsalter der Geschäftsführung	Intervallskala 1 bis 7	0 = bis 19 (wird nicht erhoben) 1 = 20 bis 30 2 = 31 bis 40 3 = 41 bis 50 4 = 51 bis 60 6 = 61 bis 70 7 = über 70 (wird nicht erhoben)
Management	nominal, dichotom	1 = inhabergeführt 2 = Fremdmanagement
Selbstverständnis (als Verlag)	nominal, dichotom	1 = Traditioneller Verlag 2 = Multimedialer Information

Variable	Skalierung	Skala, Ausprägungen
ITEinstellung (der Geschäftsführung)	Intervallskala 1 bis 5	1 = Ich lehne IT-Einsatz grundsätzlich ab. Kein Interesse. 2 = Ich vermeide IT, wo es geht. Es geht besser mit der Hand. 3 = Ich setze nur die notwendige IT ein. Das muss reichen. 4 = Ich setze aber IT auch dort ein, wo es sinnvoll erscheint. 5 = Ich setze immer IT ein, wo es geht und möchte auch gerne auf neuestem Stand sein.
ITKenntnisse (der Geschäftsführung)	Intervallskala 1 bis 5	1 = Überhaupt keine. 2 = Nur Grundkenntnisse für das Allernötigste. 3 = Ich bin geübter Nutzer der IT. 4 = Ich habe schon gute, auch erste administrative Kenntnisse auch aus eigenem Interesse an IT. 5 = Ich besitze ohnehin eine professionelle Ausbildung in IT.
IT im Unternehmen		
ITIntegration	Intervallskala 1 bis 5	1 = Gar nicht. 2 = Nur ausgewählte einzelnen IT-Anwendungen. 3 = Die IT einzelner Abteilungen ist miteinander verbunden und aufeinander abgestimmt. 4 = Jegliche IT ist im gesamtem Unternehmen miteinander integriert. 5 = Die IT im Unternehmen ist dies auch nach Außen mit Geschäftspartnern integriert.
WIDkeine (keine Widerstände)	nominal, dichotom	1 = ja 0/nichts = nein
WIDVorbehalte (Vorbehalte)	nominal, dichotom	1 = ja 0/nichts = nein
WIDKosten (Kosten zu hoch)	nominal, dichotom	1 = ja 0/nichts = nein
WIDRisiko (Ausfallrisiko gegeben)	nominal, dichotom	1 = ja 0/nichts = nein

Variable	Skalierung	Skala, Ausprägungen
WIDMachtverlust (Angst vor Machtverlust)	nominal, dichotom	1 = ja 0/nichts = nein
WIDUKultur (Kultur anders)	nominal, dichotom	1 = ja 0/nichts = nein
WIDUKentnis (Kenntnisse fehlen)	nominal, dichotom	1 = ja 0/nichts = nein
WIDSonstiges (Sonstige Widerstände)	alphanumerisch	freier Text
ITAbtBRW (Rechnungswesen)	Intervallskala 1 bis 5	1 = keine IT vorhanden 2 = rudimentäre IT-Unterstützung, Einzelprogramme 3 = komplette IT-Austattung 4 = abteilungsübergreifende IT-Lösung 5 = unternehmensübergreifende IT-Lösung
ITAbtPersonal (Personalverwaltung)	Intervallskala 1 bis 5	1 = keine IT vorhanden 2 = rudimentäre IT-Unterstützung, Einzelprogramme 3 = komplette IT-Austattung 4 = abteilungsübergreifende IT-Lösung 5 = unternehmensübergreifende IT-Lösung
ITAbtRecht (Rechtsabteilung)	Intervallskala 1 bis 5	1 = keine IT vorhanden 2 = rudimentäre IT-Unterstützung, Einzelprogramme 3 = komplette IT-Austattung 4 = abteilungsübergreifende IT-Lösung 5 = unternehmensübergreifende IT-Lösung
ITAbtCont (Controlling)	Intervallskala 1 bis 5	1 = keine IT vorhanden 2 = rudimentäre IT-Unterstützung, Einzelprogramme 3 = komplette IT-Austattung 4 = abteilungsübergreifende IT-Lösung 5 = unternehmensübergreifende IT-Lösung

Variable	Skalierung	Skala, Ausprägungen
ITAbtProd (Produktmanagement)	Intervallskala 1 bis 5	1 = keine IT vorhanden 2 = rudimentäre IT-Unterstützung, Einzelprogramme 3 = komplette IT-Austattung 4 = abteilungsübergreifende IT-Lösung 5 = unternehmensübergreifende IT-Lösung
ITAbtMafo (BI/Marktforschung)	Intervallskala 1 bis 5	1 = keine IT vorhanden 2 = rudimentäre IT-Unterstützung, Einzelprogramme 3 = komplette IT-Austattung 4 = abteilungsübergreifende IT-Lösung 5 = unternehmensübergreifende IT-Lösung
ITAbtCMS (Redaktion, Content Management Systeme)	Intervallskala 1 bis 5	1 = keine IT vorhanden 2 = rudimentäre IT-Unterstützung, Einzelprogramme 3 = komplette IT-Austattung 4 = abteilungsübergreifende IT-Lösung 5 = unternehmensübergreifende IT-Lösung
ITAbtDruck (Druckabteilung)	Intervallskala 1 bis 5	1 = keine IT vorhanden 2 = rudimentäre IT-Unterstützung, Einzelprogramme 3 = komplette IT-Austattung 4 = abteilungsübergreifende IT-Lösung 5 = unternehmensübergreifende IT-Lösung
ITAbtGraphik (Ausstattung/ Graphikabteilung)	Intervallskala 1 bis 5	1 = keine IT vorhanden 2 = rudimentäre IT-Unterstützung, Einzelprogramme 3 = komplette IT-Austattung 4 = abteilungsübergreifende IT-Lösung 5 = unternehmensübergreifende IT-Lösung

Anhang: Codierungsbogen

Variable	Skalierung	Skala, Ausprägungen
ITAbtAnzeige (Anzeigenverwaltung)	Intervallskala 1 bis 5	1 = keine IT vorhanden 2 = rudimentäre IT-Unterstützung, Einzelprogramme 3 = komplette IT-Austattung 4 = abteilungsübergreifende IT-Lösung 5 = unternehmensübergreifende IT-Lösung
ITAbtVertrieb (Vertrieb)	Intervallskala 1 bis 5	1 = keine IT vorhanden 2 = rudimentäre IT-Unterstützung, Einzelprogramme 3 = komplette IT-Austattung 4 = abteilungsübergreifende IT-Lösung 5 = unternehmensübergreifende IT-Lösung
ITAbtAuftrag (Autragsmanagement)	Intervallskala 1 bis 5	1 = keine IT vorhanden 2 = rudimentäre IT-Unterstützung, Einzelprogramme 3 = komplette IT-Austattung 4 = abteilungsübergreifende IT-Lösung 5 = unternehmensübergreifende IT-Lösung
ITAbtsonstigtext (sonstige Aufgaben/Abteilg)	alphanumerisch	freier Text
ITAbtsonstiges (sonstige Aufgaben/Abteilg)	Intervallskala 1 bis 5	1 = keine IT vorhanden 2 = rudimentäre IT-Unterstützung, Einzelprogramme 3 = komplette IT-Austattung 4 = abteilungsübergreifende IT-Lösung 5 = unternehmensübergreifende IT-Lösung
Defizite (des IT-Einsatzes im Verlag)	alphanumerisch	freier Text
Fragebogencode	numerisch	5-stelliger Code

Anhang: Clusteranalyse

Typologie A: Agglomeration

Variablen: ITEinstellung, ITIntegration, SumWID, SumITAbt

Agglomerationskriterium: komplette Verbindung (complete linkage)

ab Schritt	Clusters	kombiniere Glied(Größe)	mit Glied(Größe)	Distanz
269	44	6(11)	199(2)	0,15157
270	43	5(6)	131(6)	0,21827
271	42	9(6)	247(6)	0,21827
272	41	16(12)	163(2)	0,21827
273	40	18(5)	211(8)	0,21827
274	39	253(3)	294(2)	0,21827
275	38	1(5)	57(3)	0,33535
276	37	192(4)	220(4)	0,60813
277	36	21(2)	39(2)	0,67242
278	35	3(16)	190(4)	0,69667
279	34	87(20)	196(6)	0,72698
280	33	18(13)	192(8)	0,76943
281	32	46(5)	198(3)	0,76943
282	31	7(13)	141(6)	0,82399
283	30	11(10)	147(21)	0,96951
284	29	132(6)	204(12)	1,15623
285	28	41(9)	229(4)	1,27873
286	27	2(11)	14(6)	1,42465
287	26	10(5)	195(18)	1,5455
288	25	6(13)	67(6)	1,55214
289	24	3(20)	205(4)	1,6382
290	23	40(6)	236(4)	1,69708
291	22	4(3)	55(2)	2,02431
292	21	21(4)	46(8)	2,02431
293	20	7(19)	16(14)	2,04086
294	19	9(12)	87(26)	2,11968
295	18	5(12)	10(23)	2,21833
296	17	6(19)	253(5)	2,3523
297	16	1(8)	134(16)	2,516
298	15	11(31)	41(13)	3,02472
299	14	7(33)	132(18)	3,64134
300	13	7(51)	18(21)	3,89233
301	12	9(38)	11(44)	4,02331

126 Anhang: Clusteranalyse

302	11	5(35)	21(12)	4,23004
303	10	3(24)	9(82)	5,23186
304	9	6(24)	40(10)	6,28008
305	8	2(17)	4(5)	6,4668
306	7	5(47)	79(4)	6,95184
307	6	1(24)	5(51)	9,302
308	5	1(75)	7(72)	10,9941
309	4	3(106)	68(4)	12,9579
310	3	1(147)	6(34)	14,7897
311	2	1(181)	2(22)	28,6296
312	1	1(203)	3(110)	45,8236

Fälle in Cluster 1

1	5	6	7	8	10	15	16	17	18	21	22
24	25	26	27	28	29	32	33	38	39	40	42
44	45	46	47	50	53	54	56	57	59	60	61
62	64	66	67	69	70	71	73	79	80	83	93
94	95	96	99	100	101	102	103	105	107	108	109
112	115	116	117	119	121	124	125	126	127	128	129
131	132	133	134	135	136	137	138	139	140	141	142
143	144	145	146	148	150	151	156	157	158	159	160
161	162	163	164	166	168	169	170	171	173	174	176
178	181	182	185	186	187	188	189	192	195	197	198
199	204	206	208	209	210	211	212	214	218	219	220
221	222	223	224	225	226	227	230	234	236	238	239
241	242	250	251	253	255	259	260	265	267	270	271
272	274	275	277	278	280	282	285	288	290	291	294
295	296	298	299	300	302	304	305	308	309	311	312
313											

Fälle in Cluster 2

2	4	13	14	20	31	36	37	43	55	58	65
85	89	91	98	104	111	113	114	122	123		

Fälle in Cluster 3

3	9	11	12	19	23	30	34	35	41	48	49
51	52	63	68	72	74	75	76	77	78	81	82
84	86	87	88	90	92	97	106	110	118	120	130
147	149	152	153	154	155	165	167	172	175	177	179

180	183	184	190	191	193	194	196	200	201	202	203
205	207	213	215	216	217	228	229	231	232	233	235
237	240	243	244	245	246	247	248	249	252	254	256
257	258	261	262	263	264	266	268	269	273	276	279
281	283	284	286	287	289	292	293	297	301	303	306
307	310										

Typologie A: Mittelwerte der Cluster

Mittelwerte und Standardabweichungen zu den Variablen der voraus gewählten Clustern in Kapitel 4.5.2

Variable/ Cluster	N	Mittelwert	Standardabweichung
Mitarbeiter			
Gesamte Stichprobe	313	2,2	1,2
Cluster A1	181	2,0	0,9
Cluster A2	110	2,7	1,5
Cluster A3	22	1,0	0,0
Alter			
Gesamte Stichprobe	313	4,2	0,9
Cluster A1	181	4,1	0,9
Cluster A2	110	4,4	0,7
Cluster A3	22	4,0	1,7
Selbstverständnis			
Gesamte Stichprobe	313	1,4	0,5
Cluster A1	181	1,2	0,4
Cluster A2	110	1,8	0,4
Cluster A3	22	1,0	0,0
IT-Einstellung			
Gesamte Stichprobe	313	4,1	0,9
Cluster A1	181	3,9	0,6
Cluster A2	110	4,7	0,5
Cluster A3	22	2,1	0,6
IT-Kenntnisse			
Gesamte Stichprobe	313	2,8	0,9
Cluster A1	181	2,7	0,9
Cluster A2	110	3,2	0,5
Cluster A3	22	1,4	0,5
IT-Integration			
Gesamte Stichprobe	313	2,8	1,2
Cluster A1	181	2,2	0,8
Cluster A2	110	4,0	0,6
Cluster A3	22	1,1	0,3
Genannte Widerstände je Fall			
Gesamte Stichprobe	313	1,7	0,9
Cluster A1	181	1,7	0,8
Cluster A2	110	1,2	0,6
Cluster A3	22	3,8	0,4

Variable/ Cluster	N	Mittelwert	Standardabweichung
Management (inhaber/Fremd)			
Gesamte Stichprobe	313	1,4	0,5
Cluster A1	181	1,4	0,5
Cluster A2	110	1,5	0,5
Cluster A3	22	1,0	0,0
Durchschnittliches Rating zum IT-Einsatz			
Gesamte Stichprobe	313	2,7	1,0
Cluster A1	181	2,3	0,8
Cluster A2	110	3,6	0,5
Cluster A3	22	1,3	0,1

Cluster	Verlagsart			Summe	Häufigkeit	Interpretation
	Buch	Zeitung	Zeitschrift			
1	72	44	65	181	tats.	Zeitung leicht überproportional, sonst ausgeglichen
	75	35	71		erw.	
2	36	17	57	110	tats.	Zeitschrift überproportional, sonst ausgeglichen
	46	21	43		erw.	
3	22	0	0	22	tats.	nur Buchverlage, keine Zeitung/Zeitschrift
	9	4	9		erw.	
Summe	130	61	122	313		

Typologie B: Agglomeration

Variable: Mitarbeiter, Selbstverständnis, ITKenntnisse

Agglomerationskriterium: komplette Verbindung (complete linkage)

ab Schritt	Clusters	kombiniere Glied(Größe)	mit Glied(Größe)	Distanz
291	22	1(27)	18(33)	0,68887
292	21	2(12)	132(26)	0,68887
293	20	3(14)	192(4)	0,68887
294	19	7(6)	16(15)	0,68887
295	18	9(33)	87(5)	0,68887
296	17	10(20)	40(18)	0,68887
297	16	52(11)	200(2)	0,68887
298	15	68(4)	190(13)	1,20623
299	14	137(4)	141(10)	1,20623
300	13	147(21)	235(6)	1,20623
301	12	1(60)	2(38)	1,8951
302	11	3(18)	9(38)	1,8951
303	10	10(38)	239(2)	1,8951
304	9	52(13)	205(4)	1,8951
305	8	3(56)	68(17)	3,96172
306	7	4(23)	137(14)	3,96172
307	6	7(21)	147(27)	3,96172
308	5	1(98)	4(37)	7,58039
309	4	10(40)	52(17)	11,0248
310	3	3(73)	10(57)	11,7839
311	2	1(135)	7(48)	20,0504
312	1	1(183)	3(130)	26,0815

Fälle in Cluster 1

1	2	4	5	6	8	13	14	15	18	20	21
27	28	29	31	36	37	43	44	45	46	47	50
53	55	56	58	59	61	64	65	66	67	71	79
80	85	89	91	95	98	99	101	102	103	104	107
108	111	113	114	116	119	122	123	124	126	127	129
131	132	133	134	135	136	137	138	139	140	141	142
143	144	145	146	148	150	151	156	157	158	159	160
161	162	164	166	168	169	170	171	173	174	178	181
182	185	186	187	188	189	195	197	198	199	209	210
218	219	221	222	223	226	229	231	236	238	246	250

254	259	260	272	274	278	285	291	294	296	300	302
308	311	313									

Fälle in Cluster 2

3	9	10	11	12	19	23	30	34	35	39	40
41	42	48	49	51	52	57	60	63	68	70	72
73	74	75	76	77	78	81	82	83	84	86	87
88	90	92	94	97	100	106	110	112	115	117	118
120	121	125	130	163	176	190	191	192	193	194	196
200	201	202	203	204	205	206	207	208	211	212	213
214	215	216	217	220	224	227	228	230	232	233	234
237	239	241	242	243	248	249	252	253	256	257	258
262	263	264	265	266	267	269	270	271	273	275	276
277	280	282	284	286	287	288	290	293	295	297	298
299	301	303	304	305	306	307	309				
310	312										

Fälle in Cluster 3

7	16	17	22	24	25	26	32	33	38	54	62
69	93	96	105	109	128	147	149	152	153	154	155
165	167	172	175	177	179	180	183	184	225	235	240
244	245	247	251	255	261	268	279	281	283	289	292

Typologie B: Mittelwerte der Cluster

Mittelwerte und Standardabweichungen zu den Variablen der voraus gewählten Clustern in Kapitel 4.5.2

Variable/ Cluster	N	Mittelwert	Standardabweichung
Mitarbeiter			
Gesamte Stichprobe	313	2,2	1,2
Cluster B1	135	1,6	0,7
Cluster B2	130	2,0	0,8
Cluster B3	48	4,4	0,7
Alter			
Gesamte Stichprobe	313	4,2	0,9
Cluster B1	135	4,1	1,1
Cluster B2	130	4,2	0,9
Cluster B3	48	4,4	0,5
Selbstverständnis			
Gesamte Stichprobe	313	1,4	0,5
Cluster B1	135	1,0	0,0
Cluster B2	130	1,6	0,5
Cluster B3	48	2,0	0,0
IT-Einstellung			
Gesamte Stichprobe	313	4,1	0,9
Cluster B1	135	3,7	1,0
Cluster B2	130	4,5	0,7
Cluster B3	48	4,1	0,3
IT-Kenntnisse			
Gesamte Stichprobe	313	2,8	0,9
Cluster B1	135	2,2	0,8
Cluster B2	130	3,5	0,5
Cluster B3	48	2,4	0,5
IT-Integration			
Gesamte Stichprobe	313	2,8	1,2
Cluster B1	135	1,9	0,9
Cluster B2	130	3,4	1,1
Cluster B3	48	3,6	0,5
Genannte Widerstände je Fall			
Gesamte Stichprobe	313	1,7	0,9
Cluster B1	135	2,1	1,0
Cluster B2	130	1,4	0,8
Cluster B3	48	1,3	0,5

Variable/ Cluster	N	Mittelwert	Standard-abweichung
Management (inhabergeführt/fremdgeführt)			
Gesamte Stichprobe	313	1,4	0,5
Cluster B1	135	1,3	0,5
Cluster B2	130	1,5	0,5
Cluster B3	48	1,7	0,5
Durchschnittliches Rating zum IT-Einsatz			
Gesamte Stichprobe	313	2,7	1,0
Cluster B1	135	1,9	0,7
Cluster B2	130	3,1	0,9
Cluster B3	48	3,7	0,2

| Cluster | Verlagsart | | | Sum-me | Häufig-keit | Interpretation |
	Buch	Zei-tung	Zeit-schrift			
1	60	42	33	135	tats.	Zeitung überproportional, 2/3 aller Zeitungsverlage, Zeitschrift unterproportional
	56	26	53		erw.	
2	52	4	74	130	tats.	Zeitschrift überproportional, kaum Zeitung
	54	25	51		erw.	
3	18	15	15	48	tats.	Zeitung überproportional
	20	9	19		erw.	
Summe	130	61	122	313		

Über die Autoren

Univ.-Professor Dr. Jörn-Axel Meyer

Jörn-Axel Meyer ist Wirtschaftsingenieur (Dipl.-Ing.) der Richtung Maschinenbau der TU Berlin. Er promovierte und habilitierte an der Technischen Universität Berlin. Nach der Besetzung von Lehrstühlen in Frankfurt / Oder und Flensburg sowie mehreren Auslandsprofessuren ist er heute wissenschaftlicher Direktor des Deutschen Instituts für kleine und mittlere Unternehmen (DIKMU).

Alexander Tirpitz, M.A.

Alexander Tirpitz ist Sinologe (Schwerpunkte Wirtschaft, Recht und Politik der VR China) und Betriebswirt der Freien Universität Berlin. Nach Tätigkeiten im Pressestab des Bundesverteidigungsministeriums sowie im Marketing eines britischen Mittelständlers in Shanghai ist er heute im DIKMU als Wissenschaftler tätig.

Christian Koepe

Christian Koepe ist Diplom-Kaufmann. Nach dem Studium der Wirtschafts- und Sozialwissenschaften in Dortmund arbeitet er seit 1988 für die Siemens AG. So war er u. a. in verschiedenen leitenden Funktionen für das Beratungsgeschäft der Siemens IT Solutions and Services zuständig. Seit 2008 verantwortet er den Vertrieb von Medienlösungen der Siemens IT Solutions and Services für Deutschland.